Erich Wulff

Das Unglück der kleinen Giftmischerin

BALANCE **erfahrungen**

Erich Wulff

Das Unglück der kleinen Giftmischerin Und zehn weitere Geschichten aus der Forensik

Erich Wulff: Das Unglück der kleinen Giftmischerin. Und zehn weitere Geschichten aus der Forensik.
1. Auflage 2007
ISBN 978-3-86739-015-6

Die Deutsche Nationalbibliothek verzeichnet diese Publikation in der Deutschen Nationalbibliografie; detaillierte bibliografische Daten sind im Internet über http://dnb.d-nb.de abrufbar.

Originalausgabe: Psychiatrie-Verlag, Bonn 2005
Umschlagkonzeption: p.o.l. kommunikation design, Köln, unter Verwendung eines Bildes von ToumaArt, Leipzig
Satz: BALANCE buch + medien verlag, Bonn
Druck und Bindung: Clausen & Bosse, Leck

Vorwort

Woran liegt es, dass unter den vielen Angeklagten und Verurteilten, darunter mehr als hundert Mörder, Totschläger und Sexualdelinquenten, die ich während der letzten zwanzig Jahre zu begutachten hatte, allenfalls drei oder vier mir während unserer Gespräche Abscheu, Widerwillen oder Angst eingeflößt haben? Waren das wirklich die Monster, über deren Taten Presse und Fernsehen Angst und Schrecken verbreiten? Mir gegenüber saßen eher ruhige, höfliche, manchmal zunächst auch etwas eingeschüchterte Männer und Frauen, die sich weder in ihrem Outfit noch in ihrer Gestik und Mimik noch darin, wie sie redeten, merklich von den Leuten unterschieden, die man bei der Arbeit, im Laden oder abends in der Kneipe trifft. Hatten sie alle etwas von Dr. Jekyll und Mr. Hyde an sich?

Wenn ich nach der Durchsicht der Strafakten zunächst noch etwas Angst hatte, diese Mörder oder Sexualdelinquenten, die ohnehin nichts mehr zu verlieren haben, könnten mich als Geisel nehmen, waren diese Befürchtungen meistens schon nach drei Minuten Gespräch mit ihnen wie weggewischt und ich begann, mich für ihr Lebensschicksal zu interessieren. Was für ein Kind ist dieser Mensch gewesen? Wer waren seine Eltern, seine Geschwister, seine Lehrer und seine Freunde? Wie hat er menschliche Nähe, wie hat er die Liebe, wie die Freundschaft kennen gelernt? Wie kam er mit seinen Lehrherren, seinen Vorgesetzten und seinen Arbeitskameraden zurecht? Und auf welchen Wegen, Umwegen und Abwegen ist er in seine Tat hineingeschlittert? Was hat ihn dazu verführt, was dazu getrieben? Je tiefer ich in diese seine Lebens- und Deliktgeschichte Eingang fand, desto stärker fühlte ich mich mit ihr verbunden, und schließlich war es mein Bruder Mensch, der durch sie zu mir sprach. Eine zunächst neutrale Informationsgewinnung war unversehens zu empathischem Verständnis umgeschlagen, dem sich nicht selten auch ein Schuss kumpelhafter Sympathie zugesellte.

»Halt!« würde hier jeder sagen, der auch nur eine kleine Ahnung von psychoanalytischer Begrifflichkeit hat. »Was Sie da schildern, ist ein typisches Gegenübertragungsphänomen, das Ihnen außer Kontrolle geraten ist. Fragen Sie sich doch, was Sie bei diesen Verbrechern anzieht, welche eigenen unterdrückten Bedürfnisse Sie stellvertretend im Eingehen auf deren Lebensgeschichte und deren Untaten zu befriedigen suchen. Wenn Sie dem auf die Spur kommen, erst dann werden Sie diese Menschen so wahrnehmen können, wie sie wirklich sind.«

Da mag etwas dran sein. Aber ich bin nicht der erste und nicht der einzige Sachverständige, dem so was nicht nur einmal, sondern immer wieder passiert. Und vielen Anwälten geht es nicht anders. Vielleicht ist dabei also auch etwas Allgemeineres im Spiel als meine eigenen unterdrückten Wünsche. Oder sie schaukeln sich zumindest an etwas Allgemeinerem hoch. Im Übrigen: Die Menschen sind es, die mir in diesen Gesprächen vertrauter werden, in manchen ihrer Taten bleibt ein unverdauter Rest Fremdartigkeit zurück, an den auch ich mich nicht herantraue.

Um dem Allgemeinen, über meine Person des Gutachtenden und die des jeweiligen Begutachteten Hinausweisenden etwas näher zu kommen, frage ich mich, in welcher Situation die Begutachteten sich befinden, wenn sie mir in der Justizvollzugsanstalt oder auf der forensischen Station eines psychiatrischen Krankenhauses erstmals gegenübertreten. Und da ergibt sich als Antwort etwas ganz Banales: Sie alle sind Gefangene, des Knastes oder einer Forensik. Sie haben ihre Freiheit verloren, müssen tun, was die Justiz, von den Staatsanwälten und Richtern angefangen bis herunter zu den Wärtern, von ihnen verlangt, ihre Zukunft ist bestenfalls ungewiss, und was ihr Verhältnis zu den anderen Mitgefangenen betrifft, sind sie ziemlich schonungslos dem Recht des Stärkeren ausgeliefert. Sie finden sich – und ich finde sie – in einer Situation der Machtlosigkeit und Hilflosigkeit vor, vorbei die grenzenlosen Machtträume, die sie draußen als Täterinnen und Täter gehabt haben mögen. Jetzt sind sie schwach und brauchen jemanden, der sie unterstützt, jemanden, in den sie ihre Hoffnungen setzen können. Das ist zuerst ihr Anwalt – und das bin ja vielleicht auch ich. Sie haben einen feinen Riecher für mein Bedürfnis, den Schwachen zu helfen, das in einer solchen Situation angesprochen wird – weil ich auch mich selbst als einen Schwachen kenne. In meiner Sensibilität für diese Schwäche gründet unsere Gemeinsamkeit, in der sind wir Brüder.

Aber diese Gemeinsamkeit geht noch über unsere gemeinsame Schwäche hinaus. Bei jedem entscheidenden Schritt ihrer Lebensgeschichte frage ich mich, wie ich wohl in ihrer Situation gehandelt hätte. Bei jedem ihrer Wünsche, ob ich ihn nicht auch hätte haben können. Und ich muss mir dann sagen, dass ich an vielen Entscheidungspunkten meines Lebens, ja schon bei den Lebensvoraussetzungen, in die ich hineingeboren bin, einfach mehr Glück gehabt habe als sie. Vielleicht ist ihre Lebensgeschichte nur eine Negativfolie der meinen. Unter ihren Voraussetzungen – und bei einigen eigenen unglücklichen Entscheidungen mehr – hätte aus mir vielleicht auch ein Gewalttäter werden können. So weit sind wir also gar nicht voneinander entfernt.

Als ich vor meinem Umzug nach Frankreich die 300 Kilogramm Gutachten, die ich später der Aktenvernichtung anheim gab, und die vielleicht 50 Kilo, die mich begleiten sollten, noch einmal durchblätterte, sah ich, dass viele der Menschen, denen ich als Gutachter begegnet war, ihre Taten in einer Krisen- und Umbruchsituation begangen hatten und dass sich unter ihnen viele Immigranten befanden: Kurden, Libanesen, Kosovo-Albaner, Vietnamesen, Menschen aus der früheren Sowjetunion, darunter auch Russlanddeutsche. Das mag an meinem Image als transkulturell erfahrener Psychiater gelegen haben, auch daran, dass meine aus der eigenen Kindheit herstammenden rudimentären Russischkenntnisse sich bei den Gerichten herumgesprochen hatten. Aber dass gesellschaftliche und welthistorische Umbruchsituationen sowohl das Gefühl für Recht und Unrecht als auch das Vertrauen in das vom Einzelnen an den Staat delegierte Gewaltmonopol schwächen können, ist ja seit den Anomieforschungen Durkheims für niemanden mehr ein Geheimnis, und so kann es sein, dass die große Zahl derjenigen, die sich in solchen Umbruchsituationen vorfanden, doch mehr als ein Zufall ist. Auch solche Erfahrungen der Entwurzelung haben mich ihnen näher gebracht, musste ich doch als Dreizehnjähriger im November 1939 meine estländische Heimat verlassen, um zunächst in dem von Hitler eroberten »Warthegau« angesiedelt, danach im Frühjahr 1945 an die ostpreußische »Ostfront« geschickt und schließlich – mit viel Glück – in Westdeutschland angespült zu werden. Natürlich, sie hatten noch viel mehr verloren als ich, der einen Pass, eine Nationalität und, nach den Unbilden der ersten Nachkriegszeit, eine hoffnungsvolle, einigermaßen gesicherte Zukunft offeriert bekam. Aber eine kleine Ahnung davon, was ihnen zugestoßen war, vermittelte mir meine eigene Biografie doch, und sie reichte dazu aus, dass ich mich auch mit ihrem Schicksal ein Stück weit solidarisch fühlen konnte.

Jetzt möchte ich damit anfangen, die Lebens- und Deliktgeschichten einiger Angeklagter und einiger Forensikpatienten zu erzählen, und auch einiges von ihren Prozessen, von denen ich die meisten von Anfang bis zum Ende mitverfolgen konnte. Dabei warten auf mich einige Tücken: Um die Begutachteten nicht nur der Form halber, sondern auch wirksam zu anonymisieren, musste ich nicht nur ihre Namen austauschen, die Daten ändern und die Gerichtsorte unkenntlich machen, auch ihre Geschichten mussten so weit verfremdet werden, dass Dritte sie nicht mit Gewissheit wiedererkennen können; manches musste ich zwangsläufig herausschneiden, um es dann wieder aufzufüllen. Aus einem Tatsachenbericht wurde so zwangsläufig eine Erzählung, aus einer deskriptiven so etwas wie eine narrative Forensik. Und gleichwohl musste ich darauf achten, dass dabei weder etwas Wesentliches verloren ging noch etwas allzu Unpassendes hinzugefügt wurde. Die anderen Lebensgeschichten, die ich diesen Menschen erfinden musste, sie sollten dennoch ihre Geschichten bleiben. Auf dieser Gratwanderung bitte ich nun meine Leser mich zu begleiten.

Kopflos

Anfang September des Jahres 1993 machte ein Passant in einem Waldstück nahe einer deutschen Kleinstadt bei einem Spaziergang eine schauerliche Entdeckung: Ein nackter Körper ohne Kopf, ohne Hände und Füße lag am Wegesrand. Zunächst konnte niemand diese Leiche identifizieren, irgendwelche Vermisstenmeldungen aus der Gegend lagen der Polizei nicht vor. Etwas später förderte eine genauere Spurensuche ein Portemonnaie mit Ausweispapieren auf den Namen Tumakow zutage, eines Asylsuchenden aus der ehemaligen Sowjetunion, der in einem Asylantenheim des kleinen Ortes untergebracht gewesen, aber dort seit einigen Tagen nicht mehr gesehen worden war. Dessen daraufhin vernommener Zimmerkollege Puchlins, der in der gleichen kleinen, gerade erst selbstständig gewordenen baltischen Republik wie Tumakow beheimatet war, verwickelte sich rasch in Widersprüche und gab schließlich zu, seinen Landsmann im Streit mit einer Axt erschlagen zu haben. Den Kopf und die anderen Körperteile der Leiche habe er abgetrennt, in der Hoffnung, so nicht in Verdacht zu geraten; zusammen mit den Kleidern habe er sie in ein Bündel verschnürt und in einen etwa 50 Kilometer entfernten Fluss geworfen. Dort konnten sie rasch gefunden werden. Das Portemonnaie des Opfers, das Puchlins zunächst eingesteckt hatte, war ihm noch in unmittelbarer Tatortnähe aus der Tasche gefallen. Er hatte das bemerkt, es gesucht, aber nicht wiederfinden können. Wäre ihm das gelungen, so wäre er wahrscheinlich straflos davongekommen. »Unsere Asylbewerber kommen und gehen, oft kehren sie von selbst, ohne sich abzumelden, in ihre Heimat zurück«, sagte im Prozess der Heimleiter. Das Opfer wäre also nie vermisst, die Leiche nie identifiziert worden. So aber wusste Puchlins, dass die Polizei ihn bald finden würde, und unternahm dennoch keinen Versuch zu fliehen. Das machte mich schon etwas stutzig, bevor

ich ihn persönlich kennen lernte. Denn die Presse hatte nicht nur den Horror des Leichenfundes breit ausgewalzt, um damit die Kaltherzigkeit des Mörders zu belegen, sondern auch wild über einen Berufskillerauftrag der russischen Mafia spekuliert.

Fünf Monate nach der Tat bekam ich Puchlins erstmals zu Gesicht. Ihn hatte inzwischen eine tiefe depressive Verzweiflung erfasst, er sprach mit niemandem mehr und war wegen drohender Selbstmordgefahr ins Lazarett einer großen JVA überführt worden, an dem auch ein Gefängnispsychiater tätig war. Dieser, ein engagierter Altlinker, hatte mich dem Gericht als Gutachter vorgeschlagen. So saß ich im Arztzimmer, einem freundlichen, hellen, mit Bildern und Blumen ausgestatteten Einsprengsel der Außenwelt in dem finsteren, kahlen und rissigen Gefängnistrakt, einem fünfundzwanzigjährigen schlanken, gut aussehenden jungen Mann gegenüber.

Wir waren nicht allein. Ich hatte einen Dolmetscher mitgebracht, einen Russlanddeutschen, der während der Perestroika-Jahre einer der Sprecher dieser Minderheit in Moskau gewesen war, einen ruhigen, väterlichen Mann Mitte fünfzig. Aber bald stellte sich heraus, dass ich weite Strecken unseres Gespräches mit Puchlins direkt auf Russisch führen konnte.

Über fast alles aus seiner Lebensgeschichte konnte er flüssig berichten. Bei einigen Themen geriet er jedoch ins Stocken oder begann heftig zu weinen. Dazu gehörten nicht nur der Tathergang und die Erwähnung des Opfers, sondern der gesamte Bereich seiner Sexualität. Ich insistierte darauf zunächst nicht und redete mit ihm über andere Dinge, um ihm Gelegenheit zu geben, mich etwas besser kennen zu lernen. Schon bei unserem zweiten Gesprächstermin war er in der Lage, auch über heikle Themen einigermaßen flüssig Auskunft zu geben.

Bei allen unseren Unterredungen zeigte sich Puchlins höflich und wohl erzogen, etwas schüchtern und eher skrupulös. Der Gefängnispsychiater, der ihn schon ein paar Monate kannte, schilderte ihn mir als einen äußerst korrekten, pflichtbewussten, disziplinierten, ja etwas zwanghaften jungen Mann. Aber Puchlins konnte auch sehr warmherzig von seiner Verlobten erzählen. Schon beim zweiten Gesprächstermin zeigte er innerlich bewegt mir und dem Dolmetscher seine Familienfotos. Ich gewann den Eindruck, dass auch ihm daran lag, mit uns herauszufinden, was für ein Mensch er war und wie es zu dieser Tat hatte kommen können.

Aus dem, war er uns über seine Kindheits- und Jugendjahre berichtete, ging hervor, dass er einer Familie entstammte, durch die seit drei Generationen ein Riss ging. Der Großvater väterlicherseits, Kommunist, hatte sich nach 1945 an der Jagd auf die Partisanengruppen beteiligt, die sich nach der Vertreibung der deutschen Besatzungstruppen aus deren Kollaborateuren, aber auch aus nationalistischen Sowjetgegnern in den dichten Wäldern des Landes zusammengefunden hatten und von dort aus Attentate verübten. Auch der Vater hatte in der Sowjetmiliz Karriere gemacht, in dem Stadtviertel, in dem die Familie lebte, war er gefürchtet und hatte das Sagen. Er war, wie Puchlins sagte, zwar kein Parteimitglied, aber ein bedingungsloser Anhänger des »alten Systems«, Gegner der Perestroika und aller nationaler Unabhängigkeitsbestrebungen, nicht so sehr aus politischer Überzeugung, sondern weil Disziplin, Zucht und Ordnung ihm über alles gingen. Zu Hause war er ein Tyrann, der, obwohl er nicht trank, schon bei kleinen Widrigkeiten Frau und Kinder schlug und nach festem Glauben der Mutter immer wieder Affären mit anderen Frauen hatte, und Puchlins vermutete, dass die ständige Eifersucht der Mutter auch nicht ganz unbegründet war. Anders als die meisten seiner Landsleute war Puchlins nicht getauft worden, in die Kirche ging auch niemand von seinen Angehörigen, jede Art religiöser Betätigung wäre mit der Position des Vaters als Polizeichef des Stadtteils unvereinbar gewesen. Die Familie lebte in einem bescheidenen materiellen Wohlstand, der Vater verfügte sogar über ein eigenes Auto.

Über den Großvater mütterlicherseits durfte in der Familie nicht gesprochen werden, ein striktes Tabu lag über seinem Lebensschicksal. Puchlins wusste nur, dass er im Krieg oder gleich danach »irgendwie« auf eine nicht sehr ehrenvolle Art umgekommen war: Entweder hatte er mit den deutschen Besatzern kollaboriert oder er hatte zu den antisowjetischen Partisanen gehört. Vielleicht traf auch beides zu, Puchlin wusste es nicht genau. Nicht alle Kollaborateure waren schließlich Faschisten gewesen. Manche von ihnen hatten die Deutschen 1941 als Befreier vom Sowjetjoch begrüßt und zunächst gutgläubig mit ihnen zusammengearbeitet. Als sie sahen, dass die »Befreier« aus ihrem Land einen Siedlungsraum für »Deutschblütige« machen wollten, waren viele schon so eng mit ihnen verstrickt, dass sie sich von ihnen nicht mehr lösen konnten. Was nun beim Großvater mütterlicherseits im Einzelnen der Fall gewesen war, ließ sich nicht aufklären. Die Mutter jedenfalls war, vielleicht im Andenken an ihn, seit dem Anbruch der Perestroika eine leidenschaftliche Anhängerin der Unabhängigkeitsbestrebungen der kleinen Sowjetrepublik geworden, und Puchlins schloss sich dieser Meinung etwa ab 1989 auch an, im Gegensatz zu seiner Schwester, die mit dem Vater eine Befürworterin des »alten Systems« blieb.

Puchlins' eigenes Leben war, bis Ende der Achtzigerjahre, ebenso planvoll wie ereignislos verlaufen. Seine Spielkameraden wurden vom Vater handverlesen, selbst durfte er sich keine Freunde suchen, dazu war der Vater zu sehr auf seine Reputation als Polizeichef bedacht. Das brachte eine gewisse Vereinsamung, jedenfalls eine Beschränkung des ihm zur Verfügung stehenden Territoriums auf die eigene Familie mit sich. Aber es gab für ihn auch ein Kinderparadies: bei der Großmutter mütterlicherseits, die auf dem Lande lebte und deren Liebling Puchlins war. Von ihr wurde er in den Ferien dort »grenzenlos verwöhnt«. Wie bei vielen Straftätern, die über schwierige Beziehungen zwischen den Eltern berichten, tauchte auch bei Puchlins als Kontrast dazu eine großelterliche Idylle auf.

Durch die Schule kam Puchlins problemlos, wenngleich nur mit mäßigen Noten, anders als die ein Jahr jüngere Schwester, die trotz ihrer Körperbehinderung besser war als er. Der Vater drängte ihn, die Mittelschule nach der achten Klasse zu verlassen und auf das landwirtschaftliche Technikum, eine Art Berufsschule, überzuwechseln, das er noch vor dem Militärdienst mit Führerschein und vielen praktischen Kenntnissen beenden könne – und wie er es gewohnt war, gehorchte er ihm. Ich fragte ihn, ob er nicht, wie alle Jungen, von einem Lieblingsberuf geträumt habe. Architekt hätte er werden wollen, sagte er, aber der Vater war dagegen und es bot sich dafür auch keine Möglichkeit an. Das Technikum beendete er 1988 mit sehr guten Noten. Das brachte ihm einen Studienplatz an der Landwirtschaftsakademie in der zweitgrößten Stadt des Landes ein und die Aussicht, Landwirtschaftsingenieur zu werden. Dort aber scheiterte er im dritten Semester an einer Prüfung. Mittlerweile hatte die Perestroika zu einer inflationistischen Verteuerung des Lebensunterhaltes geführt, das am Technikum noch reichlich bemessene Stipendium reichte nicht mehr, er musste nebenher arbeiten und das ließ ihm nicht mehr genug Zeit zum Lernen. Der Vater sagte, er hätte ihm mit dem Technikum zu einer guten Berufsausbildung verholfen und könne ihn auf der Akademie nicht weiter unterstützen. So brach Puchlins nach der verhauenen Prüfung sein Studium ab, schlug sich zunächst mit kleinen Jobs durch und wandte sich dann ab 1990 dem »Business« zu.

Das war eine Tätigkeit, die vor der Perestroika nicht nur ideologisch suspekt, sondern auch mit strikten Beschränkungen belegt gewesen war. Außer den Kolchosbauern durften nur Rentner oder Invaliden als Blumen-, Beeren- oder Pilzverkäufer kleine Geschäfte tätigen. Verboten war insbesondere, etwas zu erwerben, um es dann mit Profit weiterzuverkaufen, privat verkauft werden durfte eben nur das, was man selbst eigenhändig produziert oder gesammelt hatte, und natürlich die selbst genutzten eigenen Sachen. Wie auch sonst im Leben eines Sowjetbürgers war eindeutig festgelegt, was man durfte, alles andere war verboten, Grau- oder Übergangszonen gab es nicht. Ich erinnerte mich an ein Straßenschild mit der Aufschrift »Erlaubt« unter einem Rollschuh, das ich bei meinem ersten Nachkriegsbesuch 1985 an einer wenig belebten Straße meiner Heimatstadt Tallinn gesehen hatte. Das hieß auch, überall wo kein solches Schild stand, war Rollschuhlaufen selbstverständlich verboten.

Mit der Perestroika verschwamm diese Eindeutigkeit der Erlaubnisse und der Verbote und damit wurden auch Übertretungen nicht mehr automatisch sanktioniert. Noch zu Breschnews Zeiten hatten selbst kleine Verfehlungen zu unübersehbaren Folgen führen können, auch weil die Auslegung der strafrechtlichen Bestimmungen durch die Gerichte immer einen Faktor politischer Opportunität und manchmal auch persönlicher Willkür enthielt. Das war ein wirkungsvoller Disziplinierungsfaktor gewesen.

Ab 1987 wurden immer mehr vorher streng verbotene private Geschäftstätigkeiten zunehmend von den Autoritäten toleriert, zu manchen von ihnen wurde man jetzt sogar ermutigt, dies aber, ohne dass eine eindeutige gesetzliche Grundlage dafür geschaffen wurde. Fast alles in diesem Bereich verwandelte sich so zu einer Grauzone, die dazu aufforderte, es doch einfach einmal zu probieren, zumal die Angst vor Strafen allmählich verflog.

Puchlins hatte in dieser Zeit, noch als Student, einen Job bei der Staatsbank gefunden. Als die großen Rubelscheine für ungültig erklärt wurden und der Staat gleichzeitig auch eine Obergrenze für ihren Umtausch festsetzte, bat ihn ein Freund, seine restlichen für ihn einzutauschen. Die Provision, die er für diesen kleinen Freundschaftsdienst erhielt, reichte aus, um sich einen Lada zu kaufen. Natürlich war das alles verboten, aber fast jeder machte nun schon solche Geschäfte, nutzte seine Stellung, um zu mehr Geld zu kommen. »Business«, vorher verpönt und verfolgt, begann im Untergang der alten sozialistischen Gesellschaftsordnung zur Wertegrundlage der neuen zu werden. Was man war und was man galt, wurde zunehmend vom geschäftlichen Erfolg abhängig, den man durch Einfallsreichtum und Nutzung aller seiner Chancen erzielen konnte. Für Puchlins, der einer Familie entstammte, die vom Vater eine sozialistische Moral und einen Heidenrespekt vor den Sanktionen des Staates eingeflößt bekommen hatte, musste dieser gesellschaftliche Wandel zu einer schweren Erschütterung seiner gesamten Existenz führen, zu einer Verunsicherung, aber gewiss auch zu dem Gefühl einer sich plötzlich grenzenlos gebärdenden Freiheit.

Nach dem erfolgreichen Bankgeschäft gab Puchlins seine akademischen Studienpläne endgültig auf. Er verkaufte seinen Lada zu einem sehr günstigen Preis, um über Startkapital für eine neue Geschäftsidee zu verfügen: Export und Import als Einmannbetrieb, als »Ich-AG«, wie das heute so schön heißt. Er kaufte industrielle Güter der (noch) Sowjetrepublik auf, um sie in Rumänien zu verkaufen, und brachte von dort vor allem landwirtschaftliche Produkte mit. Natürlich hatte er dazu keinerlei Genehmigung, rechtlich gesehen handelte es sich immer noch um Schmuggel. Aber die Zollvorschriften beachtete zu jener Zeit kaum jemand mehr. Die Gewinne, die er auf diesen Reisen machte, reichten aus, um auf eine einträglichere Gechäftssparte umzusteigen: den Ankauf deutscher Gebrauchtwagen und deren Verkauf in seiner Stadt. Als er sich auf den deutschen Automärkten schon etwas auskannte, kamen Vermittlungstätigkeiten für noch unerfahrene

Landsleute, die ebenfalls solche Geschäfte tätigen wollten, hinzu. Einmal war er dazu als Tourist eingereist, das zweite Mal stellte er unter Vorlage der alten sowjetischen Pässe einen Asylantrag, behielt aber die neuen Ausweispapiere seiner inzwischen unabhängig gewordenen Republik, so dass er jederzeit wieder dorthin zurückkonnte.

Puchlins' Geschäfte waren für ihn kein Selbstzweck. Sie sollten dem Kauf einer gemeinsamen Wohnung für sich und seine Verlobte dienen, denn der Staat stellte jungen Paaren nun keinen billigen Wohnraum mehr zur Verfügung. Noch während seiner Banktätigkeit hatte er nämlich ein Mädchen kennen gelernt, das er heiraten wollte, eine »ernste Beziehung«, wie er sagte. Puchlins weinte, als er von seiner Freundin erzählte: Sie sei, nachdem seine Tat mit voller Namensnennung in den Zeitungen seines Heimatlandes breitgetreten worden sei, ständigen Anfeindungen und Bedrohungen ausgesetzt gewesen. Dabei habe er sie ja nur beschützen wollen. Mit einem gewissen Stolz zeigte er uns, dem Dolmetscher und mir, ihr Bild: ein schlankes, junges Mädchen mit ausdrucksvollen grünen Augen und welligem, aschblondem Haar. Ich konnte gut verstehen, dass er sie zu seinem ganzen Lebensinhalt gemacht hatte. Wichtig für ihn war, dass sie noch unberührt gewesen war, als er zum ersten Mal mit ihr geschlafen hatte. Eben ein ernsthaftes Mädchen. Auf meine Frage, ob er selbst schon vorher mit einer anderen Frau sexuellen Umgang gehabt habe, wollte er zunächst nicht antworten. Schließlich bejahte er das verschämt, sagte aber, es sei nichts Ernstes gewesen. Er sei damals sehr enttäuscht worden, wolle darüber aber nicht sprechen. Bei seiner jetzigen Freundin brauche er so etwas nicht zu befürchten.

Ich wurde das Gefühl nicht los, dass hier noch etwas für Puchlins Problematisches verborgen lag, an das ich aber nicht herankam. Obwohl er keiner Religion anhing, war Sexualität für ihn offenbar etwas Heiliges, das man nur unter gewissen Voraussetzungen leben durfte: einer großen, ernsthaften und lebenseinmaligen Liebe. Alles andere war hässlich, eine Art Entweihung und Lästerung, und durfte noch nicht einmal in Worte gefasst werden.

Etwa zwei Jahre vor der Tat hatte Puchlins sein späteres Opfer, Tumakow, kennen gelernt. Dessen Frau war eine Freundin von Puchlins' Verlobter. Tumakow war ein ehemaliger Berufsboxer, er hatte in seiner Gewichtsklasse den vierten Platz in der sowjetischen Landesmeisterschaft errungen. Mit der Auflösung der Sowjetunion musste auch er sich neu orientieren, war es doch mit den Privilegien zu Ende, die Spitzensportler dort bis dahin genossen hatten. Die meisten der ehemaligen Boxer hätten in zweifelhaften, oft mafiösen »Sicherheitsdiensten« Jobs gefunden, so auch Tumakow, berichtete Puchlins mir. Puchlins mochte Tumakow von vornherein nicht. Er sei ein grober, oft brutaler Mensch gewesen, der mit seinen Verbindungen zur Mafia, aber auch mit seinen weiblichen Eroberungen prahlte. Von den Frauen, die er kannte, hätte er nur schlecht geredet, sogar seine eigene Frau eine Nutte genannt. Sein Motto sei gewesen: Wer vor mir Angst hat, der respektiert mich auch.

Tumakow hatte ihn gedrängt, ihn und E., den Bruder von Puchlins' Verlobten, auf ihrer nächsten »Geschäftsreise« nach Deutschland zu begleiten. Puchlins wollte dies zunächst partout nicht, denn seine Freundin hatte ihn vor Tumakow gewarnt: Er hätte versucht, wenn auch vergeblich, mit ihr zu schlafen. Da

Tumakow ihm aber durch Vermittlung von Autoverkäufen zum Startkapital für diese Reise verholfen hatte, war nichts anderes übrig geblieben, als ihn mitzunehmen, obwohl Puchlins noch eine heftige Wut gegen ihn im Bauch hatte.
Zu einem offenen Konflikt mit Tumakow kam es aber erst, nachdem Tumakow Puchlins ein Paket mit Medikamenten übergeben hatte, das ein auf Besuch in Deutschland befindlicher Freund Puchlins bei seiner Rückkehr ins Heimatland für Tumakows Angehörige dorthin mitnehmen sollte. Tumakow behauptete zunächst, dieses Paket sei dort überhaupt nicht angeliefert worden, und machte Puchlins dafür verantwortlich. Später sagte er, ein Teil der Medikamente sei verschwunden, bedrohte seinen Landsmann laut schreiend und verlangte von ihm eine große Summe Geldes für den Verlust. Bei seinen Wutausbrüchen hätte Tumakow auch auf Puchlins' Verlobte geschimpft, sie eine Hure genannt und damit geprahlt, vor ihm schon mit ihr »gebumst« zu haben. Schließlich hätte er Puchlins auch geschlagen und erniedrigt: Einmal habe er ihm den Inhalt eines Joghurtbechers in die Haare geschmiert. Meist sei er bei solchen Attacken betrunken gewesen.
Wenn ich mir die Heftigkeit dieser Auseinandersetzungen vergegenwärtige, stellen sich bei mir allerdings nachträglich einige Zweifel an Puchlins' Schilderung ein: Ob es sich bei dem Paketinhalt tatsächlich nur um Medikamente für Tumakows Familie gehandelt hat und nicht – ohne oder mit Puchlins' Wissen – um eine Schmuggelsendung mit Betäubungsmitteln.
Zur Erkenntnis, es gäbe keinen anderen Ausweg, als Tumakow Todesangst einzujagen und ihn so einzuschüchtern, dass dessen eigenes Motto: Wer Angst vor mir hat, der respektiert

mich auch, bei im selbst wirksam würde, kam Puchlins, wie er betonte, allerdings erst, als Tumakow eine monatliche Summe von 300 DM von ihm verlangte und drohte, andernfalls aus Puchlins' Freundin »eine Lokomotive zu machen«, d.h., mindestens zehn seiner Kumpane würden sie vergewaltigen. Puchlins sagte, dass bei diesen Worten alles in ihm zusammengebrochen sei. Tumakows lauthals verkündete Beziehungen zur Schutzgeldmafia seiner Heimatstadt habe er ernst genommen, eine panische Angst um seine Freundin habe ihn erfüllt. Sein einziger Gedanke sei gewesen, wie er sie vor Tumakow und seinen Kumpanen beschützen könne.

Leider habe ich Puchlins eine wichtige Frage nicht gestellt: Wie hätte er sich seiner Freundin gegenüber verhalten, wenn sie wirklich vergewaltigt worden wäre? Hätte er sie getröstet? Hätte er dann immer noch Kinder von ihr haben wollen? Oder wäre eine solche Beschmutzung für ihn so unerträglich gewesen, dass er sich von ihr getrennt hätte? Hätte er gar erwartet, dass sie sich danach selbst, allein oder mit ihm zusammen, das Leben nimmt? Wahrscheinlich hätte er auf diese Fragen aber auch gar keine Antwort geben können und, wie so oft bei für ihn schmerzlichen Themen, nur geweint.

Tumakows Brutalität auch ihm gegenüber, sagte Puchlins, hätte seine letzten Zweifel daran beseitigt, dass er zur Ausführung seiner Drohungen vollauf imstande sei. Aber erst als er in einem Kaufhaus am Tag vor der Tat ein Beil gesehen hätte, da sei ihm der Gedanke gekommen, Tumakow, der ihm körperlich weit überlegen war, einen Hieb mit diesem Beil beizubringen. Nein, töten wollen hätte er ihn nicht. Tumakow sollte nur wissen, dass er zur Verteidigung seiner Verlobten zu allem bereit sei. Aus dem Gedanken wurde rasch ein Plan. Unter dem Vorwand, in einer rheinischen Großstadt gäbe es frühmorgens sehr preiswerte Autos, brachte er Tumakow dazu, noch in der Nacht dorthin aufzubrechen. Unterwegs hatte er, wie er sagte, immer mehr Mühe damit, seine Wut auf Tumakow nicht zu zeigen. Auf einem dunklen Parkplatz hielt er an, um pinkeln zu gehen; zum Wagen zurückgekehrt sagte er, im Gebüsch lägen mehrere immer noch brauchbare Autoreifen, Tumakow solle doch nachsehen, ob es lohne, sie mitzunehmen. Als Tumakow zum Gebüsch ging und sich dort bückte, brachte Puchlins ihm einen ersten Beilhieb bei. Aus Angst, Tumakow werde gleich merken, dass da gar keine Reifen lägen, und sich an ihm rächen, hätte er sofort handeln müssen. Eigentlich hätte er mit der flachen Beilseite oben auf den Schädel einschlagen wollen, in der Hast sei aber die scharfe Seite nach vorn geraten und er habe die Schläfe getroffen. Er habe aber gar keinen kräftigen Hieb zustande gebracht, so dass sich Tumakow auf ihn stürzte und ihn zu würgen begann. Puchlins hieb dann, wie er sagte, ohne jede Kontrolle, ohne zu wissen, was er tat, mit dem Beil wild um sich, Tumakow lief noch einige Schritte, Puchlins schlug noch einmal zu, und plötzlich lag Tumakow tot vor ihm. Er hätte nun selbst eine fürchterliche Angst bekommen, sich dann aber an Tumakows Worte erinnert, wie die Mafia ihre Opfer unkenntlich mache. So habe er, sofort nach der Tat, Kopf, Hände und Füße abgehackt, sie weit fortgefahren und weggeworfen, habe sich gewaschen und sei schließlich ins Asylantenheim zurückgekehrt. Er hätte sich trotz des Schreckens über seine Tat und der Angst vor deren Folgen auch erleichtert gefühlt, denn seine Verlobte war nun nicht mehr in Gefahr.

Der hier wiedergegebene Tatablauf beruht ausschließlich auf

Puchlins' eigenen Schilderungen. Widersprüche zu den Tatortspuren und den gerichtsmedizinischen Sektionsbefunden ergaben sich während der Hauptverhandlung nicht. Dennoch bin ich nicht sicher, was nicht alles an unbewussten und bewussten Rechtfertigungs- und Beschönigungsversuchen, was auch vielleicht an anwaltlicher Beratung in diesen Bericht mit eingegangen ist: Musste es doch aus verteidigungsstrategischen Gründen darauf ankommen, den Tötungsvorsatz zu minimieren oder ihn doch zumindest zeitlich möglichst nahe an den tatsächlichen Tötungsakt heranzuführen. Wo es um die Tötungsszene selbst ging, drückte Puchlins sich nämlich mit großer Vorsicht, zögernd und, wie ich den Eindruck hatte, trotz seiner Tränenausbrüche sehr überlegt aus, während alle anderen Schilderungen, auch die des Opfers und die seiner Verlobten, sehr spontan wirkten. Im Rückblick halte ich es also für möglich, ja für wahrscheinlich, dass Puchlins schon angesichts des Beiles im Kaufhaus beschlossen hatte, Tumakow zu töten. Darin läge auch eine gewisse Folgerichtigkeit, denn nur ein toter Tumakow wäre, aus Puchlins' Sicht, für die Verlobte keine Gefahr mehr gewesen.

Ein anderer Verdacht lief darauf hinaus, dass die Geschichte mit der Bedrohung der Verlobten nur ausgedacht war und Puchlins tatsächlich einen Killerauftrag der Mafia seines Heimatlandes ausgeführt hatte, bei dem es um die Herrschaft auf dem deutschen Gebrauchtwagenmarkt ging. Solche Einfälle spukten wahrscheinlich im Kopf aller Prozessbeteiligten herum, ohne dass darüber gesprochen werden durfte, aber sie wurden wohl von den meisten, so auch von mir, schließlich verworfen.

Natürlich ist es nicht die Aufgabe des psychiatrischen Sachverständigen, über Tatversionen zu spekulieren, für die in der Hauptverhandlung keinerlei Anknüpfungspunkte sichtbar geworden sind, aber was im eigenen Kopf vor sich geht, lässt sich auch nicht einfach abschalten.

Die Hauptverhandlung schleppte sich über mehrere Wochen dahin. Sie musste immer wieder unterbrochen werden, weil Puchlins so heftig weinte, dass er kein einziges Wort mehr hervorbrachte. Mehrfach musste überprüft werden, ob er in einem solchen Zustand noch verhandlungsfähig war. Aber der Geduld, der Souveränität und der Mischung aus Entschiedenheit und aus gütiger Zuwendung des Schwurgerichtsvorsitzenden gelang es jedes Mal wieder, ihn so weit zu beruhigen, dass er weitersprechen konnte. Aus Randbemerkungen in den Sitzungspausen konnte ich entnehmen, dass das Gericht Puchlins nicht für einen kaltherzigen, egoistischen Mörder hielt, ihm glaubte, er hätte aus Angst um seine Verlobte gehandelt, und nach einer Begründung suchte, die es erlaubte, kein »lebenslänglich«, sondern eine Zeitstrafe auszusprechen. Ich hatte in meinem Schlussgutachten zwei Argumente parat, dem Gericht dabei zu helfen:

Zum einen war die Beziehung zu seiner Freundin zu seiner einzigen Sicherheit geworden, nachdem alle anderen existenziellen Sicherheiten zusammengebrochen waren: die vom Vater verkörperte sozialistische Gemeinschaftsideologie, die zwar ereignislose, aber gesicherte Zukunftsaussicht, die das Sowjetsystem ihm geboten hatte, aber auch der Beistand einer politisch einflussreichen Familie. So wurde die Angst, die Freundin auch noch zu verlieren, für Puchlins zu einer tödlichen Bedrohung.

Zum anderem befanden sich die baltischen Republiken in diesen Übergangsjahren in einem Zustand der Gesetzlosigkeit, des Werteverlustes wie der Ordnungs- und Begriffslosigkeit. Was verboten, was erlaubt, ja was erwünscht war, grenzte sich nicht mehr klar voneinander ab. Recht, Moral und die Befriedigung der eigenen Lebensbedürfnisse, Bereiche, die auch in verhältnismäßig intakten Gesellschaften in einem immer problematischen, manchmal auch widersprüchlichen Spannungsverhältnis stehen, waren völlig auseinander gefallen, sie hatten nun nichts mehr miteinander zu tun. Der Großvater und Vater hatten die junge Sowjetrepublik aufbauen geholfen. Was sie getan hatten, war nun nichts mehr wert, ja vielleicht sogar ein Verbrechen gewesen. Aber auch die neue Moral, auf Geschäften aufgebaut, begann sich erst zu artikulieren, eine gesetzliche Gestalt hatte sie noch nicht gefunden. Der neue Staat besaß weder die Kräfte noch die Grundsätze, um das gewaltlose Zusammenleben seiner Bürger zu regeln und notfalls zu erzwingen. Selbst wenn einige rechtliche Grundsätze wie das Tötungsverbot natürlich auch von Puchlins erkannt und eingesehen werden konnten, musste er doch Probleme haben, sie als gesellschaftlich gewollte und so auch für ihn unter allen Umständen gültige anzuerkennen. Dazu hätte er sich als Glied irgendeiner Gesellschaft angenommen fühlen müssen. Das war aber nicht der Fall. So war er auf ein wölfisches Einzeldasein zurückgeworfen, mit seiner Verlobten als einzigem Halt. Anzunehmen ist, dass es seinem Opfer, Tumakow, nicht viel anders erging als ihm.

Es gelang mir, diese Zusammenhänge dem Gericht darzulegen und sie als mögliche »Bewusstseinsstörung außerhalb von Affekttaten« zu klassifizieren. Damit war eine erheblich verminderte Schuldfähigkeit zumindest nicht auszuschließen und das Gericht wäre legitimiert gewesen, eine Zeitstrafe auszusprechen.

Obwohl er das wusste, erhängte sich Puchlins in der Nacht vor der Urteilsverkündung in seinem Krankenzimmer. Zu erfahren

war, dass seine Verlobte ihm geschrieben hatte, sie werde sich von ihm trennen. Damit war ihm seine letzte Sicherheit verloren gegangen. Aber er hatte seinem Gefängnispsychiater auch gesagt, dass ihn der Anblick der kopflosen Leiche seines Opfers kaum einen Augenblick losgelassen und bis in seine Träume hinein verfolgt hatte.
Sein Leben ändern, dafür war es nach seiner eigenen Einschätzung zu spät. Übrig blieb ihm nur, es sich zu nehmen.

Das Geisterschiff

Achtundvierzig Stunden lang steuerte der Matrose Sergei Saitsew den großen deutschen Frachter »Susanne« von der dänischen Küste nach Norden, in der Hoffnung, einen russischen Hafen zu erreichen; von den sechs Besatzungsmitgliedern war er allein am Leben geblieben. Dann sah er, der Treibstoff reichte nicht, und kehrte um. Wieder in jütländischen Gewässern legte er in der Kapitänskajüte Feuer, raffte alles an Bord befindliche Geld zusammen, warf die beiden Rettungsinseln ins Meer und sprang auf eine von ihnen. Das Schiff geriet jedoch nicht in Brand, es tuckerte als Geisterschiff durch die Nordsee und wurde bald darauf von der dänischen Küstenwache geentert. Vierundzwanzig Stunden später entdeckte diese auch Saitsew auf seiner Rettungsinsel und brachte ihn an Land. Der Kapitän und die übrigen Besatzungsmitglieder blieben unauffindbar. Die dänische Polizei fand auf dem Schiff aber viele Blutspuren, die auf einen Kampf hindeuteten. So musste angenommen werden, dass sie von Saitsew getötet worden waren.

Für die Vorgänge auf der »Susanne« war ein deutsches Gericht zuständig. Saitsew wurde von diesem des fünffachen Mordes

angeklagt und bald danach von der dänischen Justiz nach Deutschland ausgeliefert. Hier hatte ich ihn psychiatrisch zu begutachten.
Zuerst, noch in Dänemark, hatte Saitsew ausgesagt, durch ein Feuer im Schiff sei Panik entstanden, die anderen Besatzungsmitglieder hätten sich mit dem Kapitän auf eine Rettungsinsel in Sicherheit gebracht und sich um ihn nicht gekümmert. Er habe daraufhin seinen Seesack gepackt und mit der zweiten Rettungsinsel das Schiff verlassen.
Dieser Seesack war, als die Küstenwache Saitsew in ihr Boot hochhievte, ins Wasser gefallen. Der Gerettete hätte daraufhin, wie Zeugen bekundeten, wie verrückt geschrien und hinterherspringen wollen. Schließlich holte einer der Küstenwachleute den Seesack, der noch auf der Wasseroberfläche schwamm, aus dem Meer. Es fanden sich 80 000 DM darin, die, so behauptete Saitsew, ihm gehörten.
Was war an Bord der »Susanne« wirklich geschehen? Überlebende Zeugen gab es nicht, nur die Tatortspuren und die Aussagen Saitsews. Als dieser mit den gefundenen Blutspuren konfrontiert wurde, erzählte er eine neue Geschichte, die den dänischen Polizisten noch unwahrscheinlicher vorkam: Es habe an Bord eine Meuterei gegeben. Der Matrose B. und der Schiffsingenieur M., die ständig mit dem Kapitän gestritten hätten, hätten zunächst diesen und sodann den Steuermann V., der dem Kapitän hatte helfen wollen, durch Beilhiebe und Messerstiche getötet, und als der Koch S., durch den Lärm beunruhigt, hinzugeeilt sei, auch diesen erschlagen. Er, Saitsew, der ohnehin als Liebkind des Kapitäns galt, sei als Nächster dran gewesen. Es sei ihm aber gelungen, die beiden Angreifer in eine Falle zu locken und sie zu töten. Ihm sei

nämlich die Schlacht an den Thermopylen eingefallen, bei der das persische Heer durch einen Hohlweg musste, der nur Platz für einen einzigen Mann ließ. Die wenigen griechischen Krieger, die sich dort postiert hatten, konnten nun jeden ihrer Feinde einzeln erschlagen. Seine Thermopylen seien die Treppenstufen hinab zur Kapitänskajüte gewesen. Dort hätte er die beiden Angreifer erwartet, ihnen einzeln ihre Äxte entrissen und sie aus Notwehr hintereinander durch Beilhiebe unschädlich gemacht. Er selbst hätte bei dem Kampf nur eine oberflächliche Verletzung am Bein davongetragen. Danach habe er alle Leichen, die der Ermordeten wie die ihrer Mörder, über Bord geworfen, die Blutspuren, so gut es ging, beseitigt und sei zunächst zwei Tage nordwärts Richtung Russland gefahren, bis er aus Treibstoffmangel umkehren musste. Während dieser Zeit hätte er sich die Geschichte mit dem Schiffsbrand ausgedacht. Nach dem Massaker um Hilfe gerufen habe er deshalb nicht, weil ihm klar war, dass alle Anzeichen auf ihn als Täter hinwiesen.

Das Gericht hatte zwei schwierige Aufgaben zu lösen: anhand der Tatortspuren mögliche Szenarien für die Tötung jedes einzelnen der Besatzungsmitglieder und die Beseitigung ihrer Leichen zu rekonstruieren und zu überprüfen, ob sie mit der Schilderung der Tathergänge, die Saitsew gegeben hatte, vereinbar waren. Erschwert wurde die Lösung dieser Aufgaben dadurch, dass Saitsew erst nach dreimonatiger Prozessdauer zur Tat und zur Person auszusagen bereit war und die Verwertbarkeit seiner Aussagen von der dänischen Polizei mühsam überprüft werden musste. Außerdem musste geklärt werden, wie viel von dem Geld in Saitsews Seesack ihm selbst gehörte, wie viel den anderen Besatzungsmitgliedern und wie viel aus der Schiffskasse des Kapitäns kam, denn die Anklage zielte auf Mord aus Habgier. Bei so vielen Unsicherheiten gewann deshalb die Frage immer mehr an Bedeutung, ob ihm die Tötung von fünf Menschen am helllichten Tage überhaupt zuzutrauen war, sowohl von seinen physischen Kräften her, von seinen Kampferfahrungen beim Militär, als auch von seinem Charakter, seiner Wesensart her. Dazu mussten viele Zeugen, die ihn irgendwann besser gekannt hatten, befragt werden, um sich ein Bild über seine Lebensgeschichte und seine Handlungsmuster in verschiedensten Lebenssituationen machen zu können. So marschierten nicht nur seine Mutter und seine Freunde vor Gericht auf, sondern auch seine Lehrer und Ausbilder sowie seine ehemaligen Vorgesetzten beim Militär und auf den Schiffen, auf denen er vorher angeheuert hatte. Schießlich wurden auch die Angehörigen der Toten gefragt, ob sie bei Telefonaten mit ihren Brüdern, Söhnen und Ehemännern auf dem Schiff etwas über Saitsew und überhaupt über das Klima an Bord gehört hätten. Auch mein Gutachten gewann ohne mein Zutun eine über die ursprüngliche Überprüfung der Schuldfähigkeit weit hinausgehende Bedeutung, weil das psychologische Profil, das ich nachzuzeichnen suchte, in die Beurteilung von Saitsews Glaubwürdigkeit ebenso einging wie in die Einschätzung seiner Fähigkeit, die Taten, derer er angeklagt worden war, zu begehen.

Als ich Saitsew in der JVA aufsuchte, fand ich einen sehr höflichen, literarisch gebildeten und sprachgewandten jungen Mann vor. Auch mit meinen bescheidenen Russischkenntnissen – natürlich war ich wieder mit einem Dolmetscher gekommen – konnte ich die ungewöhnliche Klarheit und Differenziertheit seiner Formulierungen nachvollziehen, in die er gelegentlich Zitate aus Tolstois und Tschechows Werken einwob. Aber nur über seine Lebens-

geschichte war er bereit, mit mir zu sprechen, zu den Vorfällen auf der »Susanne« wollte er nichts sagen, wofür er sich höflich entschuldigte, seine Anwälte hätten es ihm so geraten.
Auch von seiner Lebensgeschichte offenbarte er mir spontan nur ein ziemlich dürres chronologisches Gerüst. Saitsew war in einer Ostseehafenstadt als Einzelkind eines Schiffsmechanikers geboren worden, der alljährlich nur ein paar Monate bei der Familie verbrachte, die Mutter war Verkäuferin. Strenge Mutter, eher gewährender Vater, er selbst ein den Eltern und Lehrern stets gehorsames, respektvolles Kind – was ihn nicht daran hinderte, die Unzulänglichkeiten des Unterrichts zu Hause zu kritisieren. Die Schulzeit verlief dennoch unproblematisch nach der Devise, möglichst wenig aufzufallen, weder zu den Besten noch zu den Schlechtesten zu gehören. Seit frühen Jahren schon hatte er den Wunsch, Seemann zu werden wie der Vater, der ihn mit zehn, zwölf Jahren manchmal auf eine Fahrt mitnahm. Mit siebzehn wechselte er auf die höhere militärische Seefahrtschule, die ihn wegen seiner hervorragenden sportlichen Leistungen in der Leichtathletik gerne nahm und ihn auch als Taucher ausbildete. Während dieser Zeit lebte er in der Kaserne. Im dritten Schuljahr spezialisierte er sich auf Schiffsbewaffnung und Elektromechanik. 1987 beendete er die Schule als Ingenieur für Elektromechanik mit dem Rang eines Leutnants. Saitsew hatte wenige Freunde, weil er die abendlichen Trinkgelage seiner Kameraden nicht mochte und sich an ihnen nicht beteiligte. Stattdessen lernte er lieber oder las Bücher. Kontakte zu Mädchen suchte er nicht, hatte später auch keine intimeren Beziehungen zu Frauen, weil er, wie er sagte, dazu zu schüchtern war, aber auch weil er überhaupt kein größeres Interesse am weiblichen Geschlecht hatte.

Gleich nach dem Schulabschluss wurde er nach Chabrowsk abkommandiert, einer ostsibirischen Stadt am Amurufer. Dort wurde er mit der Beförderung zum Hauptmann Kommandeur eines kleinen Flussschiffs und später stellvertretender Kommandeur eines Hochseeschiffs der Kriegsmarine, das allerdings den Hafen kaum je verließ, sodass er an Land Dienst machen musste. Bei einem solchen Landeinsatz – auf dem Amur-Eis mussten Fähnchen aufgestellt werden, um die Grenze zu China zu markieren – erfroren ihm die Füße, drei Zehen mussten amputiert werden. Eine medizinische Kommission schrieb ihn daraufhin untauglich für den Dienst auf See. Ein Kommando an Land interessierte ihn jedoch nicht und er suchte nun Wege, seine Entlassung aus dem Militär zu erzwingen. Die Streitkräfte verlassen durfte aber nur, wer gesundheitlich untauglich war oder sich als besonders schlechter, unzuverlässiger Soldat erwies. Sein Antrag, wegen des Zehenverlustes entlassen zu werden, wurde abgelehnt. So entschloss er sich dazu, auffällig zu werden. Er demonstrierte starkes Interesse an religiösen Themen und las den Matrosen im Unterricht aus der Bibel vor. Als das für eine Entlassung nicht genügte, sondern nur den Parteiausschluss nach sich zog, verfasste er über sich selbst eine besonders schlechte Beurteilung, in der er sich diverse Disziplinverstöße anlastete. Daraufhin durfte er im Juni 1989 aus dem aktiven Dienst ausscheiden, behielt aber seinen Rang als Reserveoffizier. Er verließ Chabrowsk und zog wieder zu seinen Eltern an die Ostsee. Dort fand er Ende 1989 eine Stelle als Lehrer an der staatlichen zivilen Seefahrtschule, an der er unter anderem Tauchunterricht erteilte.

Mittlerweile hatte die Perestroika die Sowjetunion in Chaos und Inflation gestürzt. Saitsew verdiente nun nur noch 150 Rubel im

Monat, während die Preise ständig stiegen. Aber er fand gleich einen Weg, sein Einkommen erheblich zu steigern, indem er für private Taucher Sauerstoffflaschen aus dem Reservoir der Schule abfüllte und diese verkaufte. Zudem suchte er Bernstein und verkaufte nach den offiziellen Ladenschlusszeiten Wodka und Zigaretten zum drei- bis fünffachen Preis.

1991 beendete er seine Lehrtätigkeit an der zivilen Seefahrtschule und begann eine weitere Ausbildung an einem »Seefahrtzentrum«, die ihn auf eine Tätigkeit auf ausländischen Handelsschiffen vorbereiten sollte. Unterrichtet wurden dort Englisch, Navigation, Rettungswesen und Psychologie. Die meisten Lehrkräfte waren früher auf der militärischen Seefahrtschule tätig gewesen, unter ihnen auch Saitsews ehemaliger Lehrer Prof. Narusow. Dieser vermittelte ihm 1992 eine Arbeit auf dem griechischen Frachter »John N.«, einem verrotteten Seelenverkäufer, dessen Besatzung, einschließlich des Kapitäns, ausschließlich aus Russen bestand. Der Kapitän M., ein Freund Narusows, nahm sich seiner besonders an und erteilte ihm so erfolgreich praktischen Unterricht in Navigation, dass er nach einigen Monaten den Steuermann ersetzen konnte, der unterwegs wegen Unbotmäßigkeit entlassen worden war. Im Januar 1993 erkrankte Saitsew aber an einer Hepatitis und musste nach Hause zurück. Erst im Juli 1993 war er völlig genesen und erhielt bald darauf ein Angebot, auf dem deutschen Schiff »Susanne« als Matrose anzuheuern. Auf seiner ersten Fahrt mit ihr hatten sich die hier geschilderten Ereignisse abgespielt.

Kurz nachdem ich mit Saitsew diese seine Vorgeschichte besprochen hatte, begann der Prozess, er sollte sich über fünf Monate hinziehen. Nach den englischen, den dänischen und den deutschen

Zeugen – den Londoner Lotsen der »Susanne«, den Männern vom Seerettungsdienst, den erstvernehmenden Kriminalbeamten, der Kapitänswitwe – marschierten einer nach dem anderen Gestalten aus dem Schattenreich der gerade untergegangenen Welt der Sowjetunion auf, aus Leningrad und Moskau, aus Minsk und aus Kronstadt. Ich erinnere mich daran, wie der Vorsitzende Richter einen grauhaarigen gebeugten Mann in einem verschlissenen Anzug nach seinem Beruf fragte und zur Antwort bekam: »Zurzeit bin ich arbeitslos. Als ich Saitsew kennen lernte, war ich Kapitän eines abgewrackten Frachters. Aber bis 1989 leitete ich das Mathematische Institut der Universität K. und war korrespondierendes Mitglied der Akademie der Wissenschaften der Sowjetunion.« Sein Amt verlassen hätte er, als eine Putzfrau in einem der gerade entstehenden Privatbetriebe weitaus mehr Geld verdiente als ein Universitätsprofessor. Da habe er sich darauf besonnen, dass er noch aus seiner Militärzeit ein Patent als Kapitän für weite Fahrt besaß, und habe auf einem griechischen Schiff angeheuert.

Ganz ähnlich war es den meisten anderen ergangen: einer ehemaligen Staatsanwältin, die sich als Straßenverkäuferin durchschlug, einem arbeitslosen Armee-Hauptmann, der sich um eine Heuer auf einem ausländischen Schiff bemühte, und schließlich auch Saitsew selbst, der um des lieben Geldes willen seinen Lehrauftrag aufgegeben hatte und zu einem einfachen Matrosen geworden war. Sie alle hatten eine Deklassierung hinnehmen müssen, nur Professor Narusow, einem von Saitsews Lehrern, war es gelungen, seine Fähigkeiten als Militärpsychologe wenigstens in eine private Ausbildungseinrichtung hinüberzuretten, wenn auch ohne zu wissen, für wie lange. Seinen Rang beibehalten hatte anscheinend nur der stellvertretende Interpolchef der Moskauer Polizei: diese schien ihre Fachleute aus der Sowjetzeit weiterhin dringend zu brauchen.

Alle waren sie gut ausgebildete und gebildete Menschen gewesen, alle hatten bis zur Perestroika eine gesicherte berufliche und gesellschaftliche Position innegehabt. Die Deklassierung hatte sie bis ins Mark getroffen, ihren Stolz verletzt und die moralischen Grundsätze, nach denen sie bislang gelebt hatten, in Frage gestellt. Ich hatte den Eindruck eines Aufmarsches von Gespenstern, wie Balzac sie in seinen »Chouans«, einer Erzählung über die geschlagenen Royalisten der Vendée, beschrieben hat.

Alle diese Zeugen schilderten Saitsew als einen hochintelligenten, lerneifrigen und zielstrebigen jungen Mann. Seine Mutter hob seine Bravheit als Kind und als Jugendlicher hervor, aber auch seine große Schüchternheit dem weiblichen Geschlecht gegenüber. Seine früheren Lehrer und Vorgesetzten sagten, dass er sich Autoritätspersonen gegenüber stets respektvoll und gehorsam gab, allerdings auch sehr genau und kühl zu kalkulieren wusste, was der Erreichung seiner Ziele am besten diente. Eine Distanziertheit und innere Kälte hatten die meisten von ihnen gespürt, manchen war er gar etwas undurchsichtig erschienen. Eines Massenmordes hielt ihn jedoch keiner für fähig, dazu sei er ein viel zu vorsichtiger Mensch.

Einer von ihnen, der ehemalige Mathematikprofessor und für eine Weile Saitsews Schiffskapitän, flüsterte mir während einer Sitzungspause auf dem Gerichtsflur auf Russisch zu, dieser Matrose sei ihm unheimlich gewesen, nur ungern hätte er ihn im Rücken gehabt, nein, nicht so wie man einen potenziellen Übeltäter auf einer dunklen Straße fürchtet, sondern eher so wie einen etwas

Verrückten. Es sei eine Empfindung gewesen, für die er keine Erklärung hatte, vielleicht hinge diese Verrücktheit gerade mit Saitsews Neigung zu einer von keinerlei Gefühlen beeinflussbaren eisernen Logik zusammen – eine eigenartige Hypothese aus dem Munde eines Mathematikers, aber der Professor kannte natürlich die Anklage, so dass das aus ihr erwachsene Bild Saitsews seine Erinnerungen etwas überdeckt und verfärbt haben kann. Im Gerichtssaal wollte er von solchen Empfindungen nicht sprechen, dazu seien sie, so begründete er es mir gegenüber, zu flüchtig gewesen. Dort hatte er vor allem Saitsews hohe Intelligenz und seinen Lerneifer hervorgehoben.

Ich muss einräumen, dass es mir mit Saitsew nicht viel anders ging als seinem ehemaligen Schiffskapitän. Auch mir kam er undurchsichtig, sehr kühl und distanziert vor. Seine Neigung, alle Probleme dieser Welt an die Kette logischer Folgerungen zu legen, erschreckte auch mich, und Eugen Minkowskis Begriff eines »morbiden Rationalismus« kam mir in den Sinn, den dieser große phänomenologische Psychiater in der Paranoia am Werke sah.

Vor Gericht imponierte Saitsew durch seine rasche Auffassungsgabe, durch die Klarheit seiner Äußerungen und durch sein untrügliches, monumentales Gedächtnis. Noch nach drei Monaten Prozess hatte er jede Zeugenaussage, jedes Sachverständigengutachten parat und fand den geringsten Widerspruch sofort heraus. Er ließ es sich auch nicht nehmen, der schon sehr gründlichen Zeugenbefragung seiner Anwälte eigene Fragen anzuschließen, und nicht selten trat dadurch etwas bislang noch nicht Erwähntes oder eine Ungenauigkeit oder Ungereimtheit der Aussage zutage. Als er dann auch seine eigene Mutter in eine Art strenges Kreuzverhör nahm und sie dabei mit Frau Saitsew und Sie anredete, fragte ich mich, wo er solche Vernehmungstaktiken wohl gelernt haben mochte, und dachte an die sowjetische Militärjustiz oder an den KGB.

Durch die Präzisierungen, die er Zeugen und Sachverständigen durch seine Befragungen abgetrotzt hatte, brachte er oder Saitsew es fertig, seine eigene Darstellung der »Meuterei« auf dem Schiff, der Tötung der drei Besatzungsmitglieder durch die beiden Aufrührer und seine eigene Notwehraktion an den improvisierten »Thermopylen« in völligen Einklang mit den Ergebnissen der Spurensuche und der gerichtsmedizinischen Gutachter zu bringen.

Jedenfalls hätte sich nach der Beweisaufnahme tatsächlich alles auch so abgespielt haben können, wie er es geschildert hatte.

Die Aufgabe, die ich als Gutachter zu lösen hatte, war einfach und schwierig zugleich. Einfach, weil mir sehr rasch klar geworden war, dass keiner der Schuldausschließungs- oder -minderungsgründe, die das Strafgesetz vorsieht, bei ihm gegeben war. Seine hohe, überwache Intelligenz schloss eine hirnorganisch bedingte Schädigung von vornherein aus. Er war auch nicht von irgendwelchen Wahnideen oder gar Sinnestäuschungen heimgesucht worden, seine Denkvorgänge liefen in einer perfekten Ordnung ab. Seine Stimmung war ausgeglichen, seine Besonnenheit stand außer Zweifel, alle seine Affekte hatte er unter Kontrolle. Auch gravierende erlebnisbedingte wunde Punkte neurotischer Prägung waren nicht auszumachen, ebenso wenig eine schwere Persönlichkeitsdeformation. Dass seine Vernunftgläubigkeit und sein Logikvertrauen zu einer Art überwertiger Idee geworden waren, zu säkularen Göttern, konnte weder als krankhaft noch als abnorm klassifiziert werden, so etwas lag ja schließlich im Trend der Zeit. Es konnte kein Zweifel an seiner vollen strafrechtlichen Verantwortung bestehen.

Und dennoch blieb bei mir ein leises Unbehagen zurück. Ich versuchte es dadurch zu mindern, dass ich dem Gericht Saitsews markanteste Persönlichkeitszüge ausführlich beschrieb: seine Gefühlskälte, seine oft sehr umwegigen, wenig spontanen Anstrengungen, seine persönlichen Interessen durchzusetzen, seine Unbedenklichkeit, Zeugnisse und Dokumente zu fälschen, wenn er meinte, dabei nicht erwischt zu werden, seine Scheu vor jeder emotional aufgeladenen Konfrontation, seine Neigung, jede auch nur denkbare Situation in eine Art Schachspiel zu verwandeln. Ich war mir auch überhaupt nicht sicher, ob in Wirklichkeit nicht eine völlig andere Partie gespielt worden war als diejenige, die Saitsew der Polizei, mir und dem Gericht vorgeführt hatte. Vielleicht hatte er mit Hilfe eines Komplizen, z.B. dem Koch, mit dem zusammen er angeheuert hatte, an die Schiffskasse herangewollt und einen Angriff auf die anderen versucht, bei dem der Kapitän, der Steuermann und sein Komplize getötet worden waren – dann hätte sich das Ende an den »Thermopylen« auch so abspielen können, wie Saitsew es beschrieb.

Aber darüber zu entscheiden war gottlob nicht meine Aufgabe, sondern diejenige des Gerichtes. Und das Gericht hielt der öffentlichen Meinung, die eine Verurteilung forderte, stand und entschied sich aus rechtsstaatlicher Verantwortung dazu, Saitsew vom Mordvorwurf freizusprechen. Es hatte sich eben nicht nachweisen lassen, dass seine Version der Geschehnisse – Meuterei und anschließende Notwehr – nicht den Tatsachen entsprach, da alle Sachbeweise auch mit ihr in Einklang zu bringen waren. Diese Standhaftigkeit des Gerichtes forderte meinen Respekt und meine Bewunderung. Der Angeklagte bekam zwar ein Jahr Freiheitsstrafe wegen versuchter Brandstiftung, die war aber durch die Untersuchungshaft schon verbüßt und so verließ er den Gerichtssaal als freier Mann, um in den Tagen danach eine Rundreise zu den vielen Frauen anzutreten, die ihm, als er noch als Massenmörder galt, briefliche Heirats- und Liebesanträge gemacht hatten.

Ich konnte mich des Eindrucks nicht erwehren, dass wir alle, seine Anwälte, ich, das ganze Gericht für ihn so etwas wie eine Art nützliche Idioten gewesen waren, die ihm seine Freiheit und ein Anrecht auf einen Teil des Geldes in seinem Seesack verschafft hatten. Ich jedenfalls fühlte mich von ihm ausgenutzt: Er hatte es verstanden, alle Ergebnisse meiner Charakteranalyse zu Argumenten gegen seine Täterschaft umzumünzen: seine hohe Intelligenz, seine Scheu vor offenen Konflikten, seine Umwegigkeit und seine Schüchternheit gegenüber Frauen, nach dem Motto: So einer kann eine solche Tat nicht begehen.

Möglicherweise ist mein Urteil durch Antipathie getrübt. Eine Schwäche, mit der ich mich hätte identifizieren können, habe ich an Saitsew nicht wahrgenommen. Im Gegenteil, er wirkte vollkommen selbstsicher, fast als sei er der Herr des Verfahrens, ohne dabei je unhöflich zu wirken. Als er sich nach dem Ende des Prozesses bei mir bedankte, war ich erleichtert, als sich die Tür des Gerichtssaales hinter mir schloss.

Von der langen Herrschaft der Gewalt

In einem kleinen westdeutschen Landstädtchen wurden an einem Mittwoch im Frühling 1999 in der Arztpraxis Binder und Ross gegen 13 Uhr zwei Arzthelferinnen von einem jüngeren Mann südländischen Aussehens erschossen: Eine Nachbarin hatte ihn in einem kleinen Wagen ankommen, ruhigen Schrittes die Arztpraxis betreten, nach mehreren Knallen zu seinem Auto zurücklaufen und dann damit eilends davonfahren sehen. Sie hatte sich einen Teil der Kennzeichennummer merken können. Am gleichen Abend stellte sich, hundert Kilometer vom Tatort entfernt, Yüllan, ein junger jesidischer Kurde, von seinen Brüdern begleitet, der Polizei: Er wäre bei einem Besuch seiner Freundin in der Arztpraxis von einer pistolenbewaffneten Meute verfolgt und bedroht worden und hätte in Notwehr mehrmals geschossen, wobei es sein könnte, dass ein Schuss versehentlich jemand anderen getroffen hätte. Bei der Vernehmung der Familienangehörigen des Täters stellte sich allerdings heraus, dass dieser zu diesem Zeitpunkt schon vom Tod der Freundin und einer ihrer Kolleginnen wissen musste, denn seine Geschwister hatten die Nachricht, mit der auch die Autonummer eines Verdächtigen bekannt gemacht wurde, im Radio gehört, woraufhin der Vater unter der Drohung, seinen Sohn sonst anzuzeigen, von diesem verlangt hatte, sich selbst zu stellen. Yüllan blieb bei seiner Version, auch als die Polizei ihm aufgrund weiterer Zeugenaussagen nachwies, dass zu jener Zeit niemand anders als er das Arzthaus betreten haben konnte. Sein Anwalt, aber auch die Staatsanwaltschaft wollten daraufhin klären lassen, ob er nicht unter Verfolgungswahn leide. So kam es, dass ich ihn, der als Heranwachsender in der Jugendstrafanstalt in Untersuchungshaft einsaß, drei Wochen später dort begutachten musste.

In den Akten hatte ich gelesen, dass alle Tatortspuren darauf hinwiesen, dass der Täter die beiden Frauen, die vor ihm in den kleinen Injektionsraum der Praxis geflüchtet waren, durch gezielte Schüsse regelrecht hingerichtet hatte. Ich hielt Yüllan das vor. Aber auch mir gegenüber bestand er darauf, keine der beiden Frauen erschossen zu haben. Sie müssten von der Meute, die ihn bis in die Praxis hinein verfolgt hätte, getötet worden sein, seinem Eindruck nach habe es sich um richtige Profikiller gehandelt. Hingewiesen auf die Widersprüche zwischen seiner Aussage und dem, was er laut Bekundung seiner Tante gesagt haben soll kurz bevor er sich gestellt hätte, nämlich dass er ein Mädchen getötet habe, wiederholte er nur, die Killer seien die Mörder und nicht er; »seine« Lisa, eine der getöteten Arzthelferinnen, sei ihm das Liebste von der Welt gewesen, nie hätte er ihr etwas zuleide tun können, jetzt sei ihm alles egal, mit ihrem Tod habe sein Leben jeglichen Sinn für ihn verloren, man solle ihn ruhig verurteilen.

Ich insistierte zunächst nicht weiter und wandte mich mit ihm seiner Lebensgeschichte zu. Yüllan berichtete, er entstamme einer jesidischen Scheichfamilie, einer Art Geburtsadel. Im Alter von zwei Jahren sei er nach Deutschland gelangt, mit seinen Eltern und Geschwistern, die in Syrien und der Türkei politisch verfolgt worden seien. Diese Verfolgung schmückte er mit Geschichten aus, die unmöglich den Tatsachen entsprechen konnten: Er sei im Alter von fünf Jahren (da war er schon längst in Deutschland!) vom türkischen Militär monatelang in einen Käfig eingesperrt worden und Augenzeuge der Erschießung seines ältesten Bruders gewesen, des ersten höheren PKK-Offiziers jesidischen Ursprunges und einer der kurdischen Nationalhelden.

Anders als diese Geschichten, die er sich ausgedacht haben musste, war Yüllans Kindheit im Elternhaus nicht nur seinen eigenen Bekundungen nach tatsächlich von Gewalt und Misshandlungen geprägt gewesen. Weil er schon als kleiner Junge oftmals mit blauen Flecken zur Schule gekommen war, hatte das Jugendamt den Vater mehrfach verwarnen und schließlich Yüllan und einen seiner Brüder in einem Pflegeheim und später bei einer Pflegefamilie unterbringen müssen. Daraufhin hatte der Vater den Jugendamtsvertreter mit dem Tode bedroht. Auch der zweitälteste Bruder Özlan, der nach dem Ableben des PKK-Kämpfers die Rolle des ältesten Bruders übernahm, hätte seinen Geschwistern mit eiserner Hand Gehorsam und Familiendisziplin eingeprügelt. Wie der Vater operierte auch Özlan schon bei kleinen Zwistigkeiten mit Todesdrohungen. Als zum Beispiel die jüngste Schwester gegen das Verbot des Vaters eine wegen Unbotmäßigkeit von ihren Mann verstoßene Schwägerin besuchen wollte, hatte Özlan im Einverständnis mit dem Vater für den Fall, sie täte es dennoch, angekündigt, sie totzuschlagen. Es blieb nicht immer nur bei

Drohungen. Zur gleichen Zeit, als Yüllan in Untersuchungshaft war, saß Özlan wegen eines Tötungsdeliktes im Gefängnis.
Im Alter von elf Jahren zeigte Yüllan seinen Vater wegen Misshandlung an und verlangte, in einem Heim untergebracht zu werden. Dort konnte er aber nicht bleiben, weil er schon bei geringsten Anlässen auf seine Mitbewohner einschlug. Mit der Pflegefamilie, die ihn danach aufnahm, kam er zwar etwas besser zurecht, aber wenn ihm ein Wunsch nach Süßigkeiten oder nach einem Kleidungsstück nicht gleich erfüllt wurde, entnahm er einfach das Geld, das er dazu brauchte, dem pflegeväterlichen Portemonnaie und kaufte sich den ersehnten Gegenstand selbst. Nach einem halben Jahr wurde er deshalb wieder nach Hause zurückgeschickt. Entgegen den Versprechungen, die ihm vom Vater und vom älteren Bruder für den Fall seiner Rückkehr gemacht worden waren, empfing man ihn dort gleich mit Prügel, weil er mit seiner Anzeige Schande über die Familie gebracht hätte. Mittlerweile war er fünfzehn Jahre alt geworden. Mit siebzehn vermittelte ihm das Jugendamt eine eigene Wohnung, weil die regelmäßig in Gewalt ausartenden Konflikte zu Hause unerträglich geworden waren.
Trotz dieser schlechten Bedingungen schaffte er, wenn auch mit Mühe, den Realschulabschluss; die Schlosserlehre, die er daraufhin begann, brach er allerdings nach zwei Jahren ab. Auch ein Kindergartenpraktikum – das Jugendamt hatte ihm vorgeschlagen, das Fachabitur zu machen und anschließend Sozialpädagogik zu studieren – brachte er nicht zu Ende. Danach war er zwei Monate arbeitslos und Sozialhilfeempfänger, bis er eine ihn zufrieden stellende Arbeit bei einer Leihfirma fand. Außerdem jobbte er für einige Abend- und Nachtstunden als Türsteher in

Diskotheken. Während dieser Zeit lernte er sein späteres Opfer Lisa Bittermann kennen.
Yüllan erzählte mir, dass er vorher schon mit über dreißig Mädchen geschlafen hätte. Nie hätte er sie selbst ansprechen müssen, immer seien es die Mädchen gewesen, die zuerst ihr Interesse an ihm bekundet hätten: Er käme eben bei Frauen gut an. Aber über eine Nacht hinaus hätte ihn kaum eine interessiert, und da er keiner seinen richtigen Namen gesagt hätte, sei es leicht gewesen, schnell Schluss zu machen. Yüllan redete über seine Diskoeroberungen leicht verächtlich und ohne jeden Respekt und zudem noch mit einem ziemlich überheblichen Stolz auf seine erotischen Erfolge.
Aber als das Gespräch auf Lisa kam, wurde sein Ton weicher. Bei ihr sei alles ganz anders gewesen. Als er sie in einer Disko zum ersten Mal sah, habe er sie gleich kennen lernen wollen, weil sie so hübsch war und so zerbrechlich aussah. Sie sei so schön gewesen, dass er sich nicht getraut habe, sie anzusprechen, erst über eine Freundin sei er schließlich doch mit ihr ins Gespräch gekommen. Er hätte sich sofort in sie verliebt. Als er sie am Ende des Abends um ihre Telefonnummer bat, habe sie die ihm nach einigem Zögern auch gegeben. Sie hätten dann miteinander telefoniert, sich noch einmal in der Disko getroffen und sich dort das erste Mal geküsst. Danach sei er regelmäßig zu ihr gefahren, das heißt in die Wohnung ihrer Eltern, bei denen sie damals noch wohnte. Denen hätte er sich, wie er es auch bei ihr und bei allen anderen Diskobekanntschaften getan hätte, zunächst als »Roberto« vorgestellt, als einen Italiener. Er wusste, dass deutsche Mädchen und ihre Familien starke Vorbehalte gegenüber türkischen oder kurdischen jungen Männern hatten. Sonst aber

sei er ihr gegenüber völlig offen gewesen, so offen wie noch nie zuvor einem anderen Menschen gegenüber. Zwischen ihnen hätte völliges Einverständnis geherrscht, jeder hätte sofort gespürt, wenn der andere Kummer, Sorgen oder auch nur ein kleines Alltagsproblem hatte. Erst nach drei oder vier Monaten hätten sie zum ersten Mal miteinander geschlafen. Das sei ihm bei ihr gar nicht eilig gewesen, Lisa war noch Jungfrau und er hätte eben gewartet, bis sie innerlich so weit gewesen sei. Schließlich war es für ihn ganz anders als sonst, viel schöner: Vielleicht weil es aus Liebe war, sagte er, eine große und ganz einträchtige Liebe. Nur ein Mal hätten sie eine kleine Auseinandersetzung gehabt: Ihr hätte er schon nach sechs Wochen gesagt, dass er Kurde sei und eigentlich Yüllan heiße, doch als sie irgendwann darauf bestand, das auch ihren Eltern zu offenbaren, hätte er gezögert und es hätte einen kleinen Wortwechsel gegeben, den unglücklicherweise ihr Vater belauschte. Der hätte ihn dann angeschrien, ihn aus dem Hause gewiesen und ihm ein dauerndes Hausverbot erteilt. Lisa, die ihrem Vater ihr Leben lang gehorcht habe, hätte sich auch diesmal von ihm beeinflussen lassen. So hätte er sie eine Zeit lang nicht mehr gesehen. Aber schon nach zwei Monaten hätten sie heimlich miteinander telefoniert und sich bald danach auch insgeheim wieder getroffen, zumeist bei Yüllans Eltern oder Verwandten. Schließlich hätte sie den Mut gefunden, ihren Eltern zu sagen, dass sie wieder zusammen seien. Aber zu ihr nach Hause hätte er weiterhin nicht gedurft. Als auch seine Eltern Lisas Besuche nicht mehr dulden wollten, hätten sie sich eine gemeinsame Wohnung genommen. Da sei alles wieder so schön, so harmonisch geworden wie vorher. Aus für ihn unerfindlichen Gründen sei Lisa dann aber eines Sonntags, während er seine Eltern besuchte, ausgezogen. Am Telefon hätte sie ihm gesagt, dass ihr Vater das von ihr verlangt hatte. Überhaupt habe er herausbekommen, dass ihr Vater die ganze Zeit gegen ihn intrigiert hätte. Er hätte sogar eine Schlägerbande angeheuert, die ihm mehrmals nachgefahren sei. Zwei Mal hätten sie neben ihm gehalten und ihn mit dem Tode bedroht, wenn er von Lisa nicht ablasse. Er hätte in der Zeit immer wieder versucht, mit Lisa telefonisch Kontakt aufzunehmen, sei aber niemals durchgekommen. So hätte er sich dazu entschlossen, sie in ihrer Mittagspause in der Arztpraxis aufzusuchen, ihr zu sagen, dass er sie immer noch liebe, und sie zu bitten, zu ihm zurückzukehren. Aus Angst vor der vom Vater angeheuerten Schlägerbande hätte er sich allerdings schon vor einiger Zeit eine Pistole besorgt, die er seitdem immer mit sich herumgetragen habe, auch bei jenem Besuch in der Arztpraxis. Dort angekommen, sei Lisa ihm um den Hals gefallen und habe ihm gesagt, wie sehr sie ihn liebe. Dann seien plötzlich die bewaffneten Schläger an der Tür aufgetaucht und hätten ihn mit ihren Pistolen bedroht. In panischer Angst habe er auf sie geschossen, aber mit Sicherheit nicht auf Lisa und auch nicht auf ihre Kollegin. Danach sei er, ohne zu wissen wohin, in der Gegend herumgefahren und schließlich, er wisse nicht wie, in der Wohnung seiner Eltern gelandet. Die hätten ihm gesagt, dass er von der Polizei gesucht würde und sich stellen solle. Da er in Notwehr gehandelt habe, also unschuldig sei, hätte er das auch getan.

Aus den Polizeiakten wusste ich, dass Lisas Eltern, Geschwister und Freundinnen die Geschichte von Yüllans Beziehung zu Lisa völlig anders geschildert hatten. Yüllan hätte ihnen den Italiener Roberto zunächst außerordentlich wirklichkeitsnah und überzeugend vorgespielt. Zu Weihnachten hätte er erzählt, die Eltern und Geschwister seien für die Feiertage nach Italien gefahren, nur er hätte wegen seiner Arbeitsverpflichtungen hier zurückbleiben müssen. Damit erreichte er, dass Lisas Eltern ihn für Heiligabend nach Hause einluden. Und als ihm während einer Autofahrt die Mütze von Kopf geweht wurde, war er untröstlich, weil sie das letzte Geschenk der kürzlich verstorbenen Parmaer Großmutter gewesen sei. Erste Zweifel kamen auf, als er auf einer Gesellschaft auf Italienisch angesprochen wurde und nicht zu antworten wusste, aber auch da hatte er eine Erklärung parat: Er sei eben in Deutschland aufgewachsen, von den Eltern hätte er nur ein sehr schlechtes, bruchstückhaftes Italienisch in ihrem Dialekt gelernt, sie hätten mit ihm nur Deutsch gesprochen, weil sie wollten, dass er hier heimisch würde. Ganz wurde ihm nicht geglaubt, aber Lisas Eltern ließen es zunächst noch nicht auf eine Konfrontation ankommen. Zu dieser kam es erst bei dem von Yüllan berichteten Streit.

Zu diesem Streit waren Lisas Familie und Freundinnen auch befragt worden. Lisa hatte ihnen allen berichtet, sie hätte den Schwindel mit der italienischen Identität nicht länger mitmachen wollen. Als sie dies Yüllan gesagt habe, sei sie von ihm erstmals und gleich sehr heftig geschlagen worden. Der Vater, der das Ende der Auseinandersetzung mitbekommen hatte, stellte Yüllan zur Rede. Dieser überhäufte ihn daraufhin mit den ordinärsten Schimpfwörtern und bedrohte ihn. Erst als Lisas Vater bereits das Telefon in der Hand hatte, um die Polizei zu rufen, verließ Yüllan laut schimpfend das Haus. Für alle Familienmitglieder war dieser Umschwung völlig unerwartet gekommen, denn Yüllan hatte sich bis dahin als äußerst höflicher, hilfsbereiter und rücksichtsvoller junger Mann gezeigt, der nicht nur seiner Freundin, sondern auch der Dame des Hauses bei jeder Gelegenheit einen Blumenstrauß mitgebracht hatte.

Auch der weitere Verlauf der Beziehung stellte sich vor allem in den Zeugenaussagen von Lisas Freundinnen völlig anders dar als in Yüllans Schilderungen. Lisa hatte ihnen erzählt, sie hätte nur deshalb schließlich eingewilligt, Yüllan wieder zu treffen und sogar wieder mit ihm zu schlafen, weil er ihr gedroht hatte, andernfalls ihre Eltern und Geschwister und auch sie selbst umzubringen.

Als ich ihm diese Aussagen vorlas, beschimpfte Yüllan, der mir bisher höflich geantwortet hatte, auch mich und richtete sich mit erhobenen Fäusten vor mir auf. Erst als ich ankündigte, den Wächter herbeizurufen, beruhigte er sich wieder und sagte, Lisas Freundinnen würden lügen. Sie hätten alle mit ihm ins Bett gewollt, und als sie sahen, dass er Lisa bedingungslos treu blieb, hätten sie ihn gehasst und jede Gelegenheit genutzt, um sich an ihm zu rächen. Nein, in Wirklichkeit hätte er Lisa nie geschlagen und nie bedroht, und sie hätte ihn bis zum letzten Augenblick, bis die Killer sie ermordet hätten, geliebt.

Ich befragte Yüllan dann noch einmal zu der »Meute«, die ihn zweimal bedroht und am Tattag überfallen haben sollte. Für jedes Mal hatte er eine anschauliche Schilderung parat: Er erzählte detailliert, wie diese Leute, deren Aussehen und deren Autos er genau beschrieb, ihn zum Anhalten gezwungen, seine Wagentür geöffnet und Auge in Auge zu ihm gesprochen und ihn bedroht hatten, sollte er Lisa weiterhin nachstellen. Damit war klar, dass es sich bei diesen Schilderungen Yüllans nicht um schizophrene oder paranoide Wahnvorstellungen, verbunden mit optischen und akustischen Halluzinationen handeln konnte, weil solche niemals in derartig situationsbezogenen, wirklichkeitsimitierenden Formen auftreten. Für einen Wahn war die Geschichte einfach zu realitätsverwandt und zu rund.

Drei Alternativen blieben übrig:

Die erste: Lisas Vater hatte tatsächlich eine Killerbande beauftragt, was allerdings allen Zeugen zufolge unwahrscheinlich war. Aber ein Wirklichkeitsbruchstück dieser Art schälte sich gleichwohl heraus: Ein Freund Yüllans hatte bei der Polizei angegeben, dieser hätte ihm schon vor einiger Zeit erzählt, irgendwelche Leute würden ihn bedrohen, weil er angeblich etwas besäße, was ihnen gehöre. So hatten wohl ähnliche Szenen, wie Yüllan sie aus den Wochen vor der Tat schilderte, tatsächlich stattgefunden, nur dass sie weder mit Lisa noch mit ihrem Vater irgendetwas zu tun hatten. Mir fielen als möglicher Grund für solche Szenarien politische Auseinandersetzungen unter Kurden oder zwischen Türken und Kurden ein oder illegale Geschäfte mit Drogen. Der tatsächliche Hintergrund ließ sich auch später im Prozess nicht aufklären.

Die zweite Alternative bestand darin, dass Yüllan, der, wie sein leichtfüßiger Identitätswechsel zeigte, über eine sehr lebhafte Einbildungskraft verfügte, sich ebenso wie in seine Italienerrolle auch in die Killerstory regelrecht hineingelebt hatte, weil diese ihm erlaubte, die für ihn unerträglichen Schuldgefühle wegen der Tötung seiner Freundin zuzudecken. Ich muss einräumen, dass ich diese Alternative bis mitten in den Prozess hinein für die wahrscheinlichste hielt, auch deshalb weil Yüllans Persönlichkeitseigenheiten, seine Fantasie und seine ungewöhnlich starke emotionale Ansprechbarkeit sehr gut zu solchen hysterieformen Verdrängungs-, Identifikations- und Projektionsprozessen passten. Während des Prozesses räumte Yüllan aber ein, dass er sich die ganze Geschichte ausgedacht hatte, um Polizei und Gericht irrezuführen. Und sollte dies nicht gelingen, hoffte er, wenigstens als Verrückter dazustehen und so eine mildere Strafe zu bekommen. Das war die in meinem Gutachten aufgeführte dritte Alternative. Sie schloss die zweite nicht völlig aus. Yüllan war dazu imstande, sich willentlich in ein imaginiertes Szenario völlig hineinfallen zu lassen und es sich als wirklich einzureden, gleichzeitig hielt er aber immer auch das Wissen parat, dass er selbst es sich eingebildet hatte.

Zu der Kehrtwendung in Yüllans Aussage war es gekommen, als Lisas Vater dem Gericht handgeschriebene Tagebuchnotizen seiner Tochter überreichte, die fast die ganze Zeit ihrer Beziehung umfassten. Aus ihnen ging hervor, dass alles, was Familie und Freundinnen der Polizei und dem Gericht über Yüllans Gewaltanwendungen und Gewaltandrohungen gegenüber Lisa berichtet hatten, von der Wirklichkeit noch weit übertroffen wurde. Lisa hatte jede Prügel, die sie von Yüllan bezogen hatte, mit genauer Datumsangabe vermerkt, von dem ersten Streit über dessen falsche italienische Herkunft an bis zum Ende des kurzen Zusammenlebens in einer gemeinsamen Wohnung. Sie schrieb gar, dass Yüllan sie nach einer mehrmonatigen Trennung, die dem ersten Streit gefolgt war, unter Todesdrohungen gegen ihre Eltern und sie zu weiteren sexuellen Kontakten erpresst und des Öfteren auch brutal vergewaltigt hatte. Dem Tagebuch war sehr deutlich zu entnehmen, wann und wie eine leidenschaftliche, aber auch zärtliche Liebe umgeschlagen war in eine reine Machtdemonstration mit eingestreuten Hassanfällen auf Yüllans Seite und in eine zuerst noch zwiespältige, dann aber nur noch angsterfüllte Unterwürfigkeit bei Lisa. Auch von zwei Versuchen Lisas, sich trotz ihrer Angst von Yüllan zu lösen, war in den Aufzeichnungen die Rede: Mit einem deutschen Jungen war es nach einer mehrwöchigen Bekanntschaft zu einem einmaligen Geschlechtsverkehr gekommen, dann war ihm die Sache »zu unheimlich« geworden, wie er vor Gericht sagte, und er hatte sich nicht wieder bei ihr blicken lassen. Mit einem jungen Türken hatte sie einen Abend lang Zärtlichkeiten ausgetauscht, aber es nicht fertig gebracht, ihm von ihrer Angst vor Yüllan zu erzählen. Auch er hatte sich nicht wieder bei ihr gemeldet. Yüllan räumte nach dem Vortrag der Tagebücher die Schläge, die Drohungen und die sexuelle Gewalt Lisa gegenüber zwar ein, behauptete aber, sie hätte ihn nach ihrer vorübergehenden Trennung mit Erzählungen über Orgien mit mehreren Jungen in einem Hotel auf hundert gebracht, und jedes Mal wenn er an diese Geschichten auch nur habe denken müssen, sei ihm die Hand ausgerutscht. Dass Lisa manchmal nur aus Angst mit ihm geschlafen hatte, das hielt er aus der Rückschau zwar für möglich, damals sei ihm so etwas allerdings nie in den Sinn gekommen. Die Todesdrohungen gegen Lisas Eltern stritt er weiterhin ab.

Die angeblichen Orgien erschienen dem Gericht wenig glaubhaft, hatte Lisa doch im Tagebuch sehr offen von ihren beiden kurzen Liebesepisoden in der Trennungsphase von Yüllan berichtet, wobei sehr deutlich wurde, dass es sich beide Male um vorsichtige, zärtliche und langsame Annäherungen gehandelt hatte. Die »Orgie« wäre, hätte sie stattgefunden, von ihr sicherlich auch im Tagebuch vermerkt worden. Zudem schien sie zu Lisas Wesensart überhaupt nicht zu passen.

Yüllan gab schließlich zu, Lisa und ihre Kollegin getötet zu haben. Lisa hätte ihn zuletzt, wenn er sie irgendwann doch am Telefon erreicht hätte, als Versager beschimpft und verhöhnt. Am Tattag sei er zu ihr gefahren, um sie deswegen zu ermahnen und um sie – allerdings nur mit Worten – zur Rechenschaft zu ziehen. Gut, vielleicht hätte er sie auch beschimpfen wollen, um seine Wut auf sie etwas abzulassen, aber dazu sei es gar nicht gekommen, denn sie hätte ihn gleich mit höhnischen Bemerkungen empfangen und ihn wieder einen Versager genannt. Da hätte er seine Pistole gezogen und sei ihr, als sie vor ihm in den kleinen Injektionsraum der Praxis flüchtete, dorthin gefolgt und hätte blind drauflosgeschossen. Die Pistole, die er sich kurz zuvor gekauft hatte, nannte er jetzt seinen »Ersatzschwanz«. Ohne sie hätte er sich gar nicht zu Lisa getraut.

Vor meinem Abschlussgutachten vernahm das Gericht noch den Jugendamtsvertreter, der Yüllan und seine Geschwister ein Jahrzehnt lang intensiv betreut hatte. Was wir zu hören bekamen, bestätigte Yüllans Angaben über sein Elternhaus vollauf. Es war eine einzige Geschichte brutaler Gewalt: Prügel, Misshandlungen, Todesdrohungen durch den Vater schon bei den geringsten Zuwiderhandlungen, es reichte, wenn ein Kind oder seine Frau dem Familienoberhaupt widersprach. Von früher Kindheit an hätten die Kinder gelernt, dass man sich nur durch Anwendung extremster Gewalt durchsetzen kann, dass es darauf ankam, so stark wie der Vater zu werden und wie er durch Angst zu regieren. Die älteren Brüder tyrannisierten, sobald sie körperlich dazu imstande waren, die jüngeren Geschwister. Die Eltern Yüllans hatten im Übrigen nach einem fast zwanzigjährigen Aufenthalt in Deutschland kaum ein Wort Deutsch gelernt, sie hatten ausschließlich unter ihresgleichen gelebt und keine Ahnung von der Lebensweise und den Lebensregeln in der Bundesrepublik. Die archaischen, patriarchalischen Familienrechte bestanden so in ihren Köpfen ungebrochen weiter fort. Gleichzeitig erfüllte ein aristokratischer Stolz die Familie: In ihrem Heimatland hätten sie als »Scheichs« ein Anrecht auf Abgaben der ihnen untergeordneten Klientenfamilien gehabt und auch jetzt erwarteten sie, dass die anderen, hier die deutschen Ämter, für ihren Lebensunterhalt sorgten. Geschähe das nicht im erwünschten Umfange, so würde man von ihnen bedroht. Sie seien völlig verständnislos, wenn nicht alles so vor sich ginge, wie sie es sich vorstellten. Unter einem solchen häuslichen Einfluss, bei einem solchen negativen elterlichen Vorbild hätte sich der Reifungsprozess bei Yüllan ebenso wie bei seinen Geschwistern erheblich verzögert, so dass das Jugendamt dafür plädierte, ihn strafrechtlich als Heranwachsenden einem Jugendlichen gleichzustellen.

Meine Aufgabe war es zunächst, aus allen diesen Mosaiksteinen ein kohärentes Bild von Yüllans Lebenssituation zusammenzubauen. Ich konnte Verständnis für ihn entwickeln, weil übermächtige Gewalten die explosive Mischung in ihm erzeugt hatten, die schließlich zur Katastrophe führte. Auch Mitleid konnte ich für ihn empfinden, weil sein Leben für die nächsten zehn Jahre verpfuscht war, aber nur schwer Sympathie – dazu hatte er mich zu sehr mit seiner Killerstory für dumm verkaufen wollen. Nicht, dass er mich belogen hatte, nahm ich ihm übel, sondern seine Arroganz: dass er mich für dumm genug und sich für schlau genug gehalten hatte, sie ihm abzunehmen. Gegen diese Kränkung musste ich ankämpfen, um ihm gegenüber objektiv zu bleiben.

Ich versuchte dem Gericht zu zeigen, dass Yüllans Gewaltbereitschaft nicht allein ein individueller Charakterzug eines stimmungslabilen, explosiblen Psychopathen oder eines verwahrlosten Heranwachsenden war und man ihn nicht allein für sie verantwortlich machen konnte. Er war ja groß geworden in einem bestimmten soziokulturellen Zusammenhang. Um diesen deutlich zu machen, zeichnete ich die Situation der Kurden in ihren Ursprungsländern nach: Die Kurden gehören nämlich zu den kulturell eigenständigen Völkerschaften ohne eigenen Staat, ein Schicksal, das sie unter anderen mit den Basken und den Tschetschenen teilen. In ihrem Siedlungsgebiet, aufgeteilt zwischen der Türkei, dem Irak, dem Iran und Syrien, haben sie eigene Volksvertretungen, Verwaltungsinstanzen, Gerichte oder Gesetze niemals entwickeln können. Auch nicht der geringste Ansatz regionaler Selbstverwaltung ist ihnen gewährt worden: Über lange Zeit stand sogar der Gebrauch ihrer eigenen Sprache in der türkischen Öffentlichkeit unter Strafe. Die fremden Staatsmächte, aber auch die Gesetze der Länder, in denen sie lebten, hätten die Kurden seit vielen Jahrzehnten nur in Gestalt einer feindseligen Unterdrückung kennen gelernt. Wo der Staat einem Teil seiner Bewohner aber noch nicht einmal die elementarsten Lebensrechte garantiert, ja diese im Gegenteil mit Füßen tritt, wie das in den Siedlungsgebieten der Kurden ständig geschieht, da könnten seine nur als Unterdrückungsattribute fremder Herrschaft erlebten Rechte und Gesetze, aber auch sein Gewaltmonopol sich dem Rechtsempfinden der so Unterdrückten nicht einprägen. Vielmehr entstehe bei vielen von ihnen das Gefühl, dass es legitim sei, das, was man selbst für sein Recht halte, vor allem das, was es den eigenen Traditionen entspreche, sich selbst zu verschaffen, nötigenfalls auch mit Gewalt. Anstelle der Staatsgewalt trete in solchen Situationen also nicht selten die der individuellen oder der subkulturell gerechtfertigten Gruppengewalt, anstelle der gesetzlichen Normen die der Stammes- oder Familientraditionen und der aus ihnen sich herleitenden Ehr- und Moralbegriffe. Von diesen Letzteren werde dann das Gewissen – psychiatrisch gesprochen, das Über-Ich – bestimmt. Gerade wenn diese traditionellen Ehr- und Moralbegriffe und Verhaltensmuster gefährdet erscheinen, werde besonders hartnäckig und starr an ihnen festgehalten, auch dann noch, wenn sie einen Großteil ihrer sozialen Funktionalität schon lange verloren haben, wie das nicht selten in einem Einwanderungsland geschieht. Die althergebrachten Sitten dienen dann fast nur noch dem als gefährdet erlebten Zusammenhalt der Gruppe, ohne dass sie noch viel dazu beitragen könnten, ihr tatsächliches Zusammenleben regeln zu helfen.

Rechts- und Unrechtsbewusstsein der Ethnie, der Gruppe, des Familienverbandes bekämen unter solchen Bedingungen ein größeres emotionales Gewicht als die staatlichen Ordnungen und deren gesetzliche Normen, das Vertrauen auf individuelle oder gruppenbezogene Gewalt überwiege gegenüber dem Vertrauen auf die staatliche Macht. So entstehe eine soziokulturell bedingte Anfälligkeit Gewalt anzudrohen und Gewalt anzuwenden, die beim Einzelnen, je nach seinen individuellen Erfahrungen, natürlich mehr oder weniger stark ausgeprägt sein könne. Sie bilde so etwas wie einen Erlebnishintergrund, der auf aktuelle, emotional geladene Situationen ein verstärkendes Echo geben kann.

Dieser Erlebnishintergrund werde auch der jüngeren Generation, die hauptsächlich im Einwanderungsland aufgewachsen sei, von den Eltern und den älteren Familienangehörigen und deren Freunden und Bekannten weitergegeben. Selbst wenn ein Jugendlicher sich von den kulturellen Traditionen und Ehrbegriffen seiner Familie und seiner Ethnie abwendet und sich fast wie ein Deutscher fühlt und benimmt, wenn er also perfekt »integriert« erscheint, werde es in den allermeisten Fällen Situationen geben, in denen diese Traditionen wieder ihr Recht einfordern – oft seien das persönliche Krisensituationen. Nicht selten werden dann auch Schuldgefühle wach, die Lehren der Eltern missachtet und die von ihnen mitgegebenen Traditionen und damit die eigene Kultur verraten zu haben. So könne ein tiefer Zwiespalt entstehen, ein Hin und Her zwischen zwei Kulturen, das anstelle einer eigenen kulturellen Identität manchmal nur eine Leerstelle zurücklässt, die als qualvoll und unentrinnbar erlebt werde. Diese Identitätskonflikte, verbunden mit der Erfahrung soziokulturell legitimierter individueller oder Gruppengewalt, drücken sich auch aus in der erhöhten Gewalt- und Kriminalitätsrate von Jugendlichen und Heranwachsenden, die Ethnien ohne einen vertrauensbildenden eigenen Staat entstammen.

In einer solchen spannungsgeladenen Situation, wie ich sie dem Gericht schilderte, war auch Yüllan aufgewachsen. Kompliziert wurde seine Situation noch dadurch, dass er Jeside war, also innerhalb der kurdischen Minderheit noch einer von deren Mehrheit verfolgten Subminorität angehörte. Ich schilderte ihre Diskriminierung und Verfolgung, aber auch ihr feudales Herrschafts- und Klientensystem, die daraus abgeleiteten Ansprüche einer Scheichfamilie, ihre Ehr- und Moralbegriffe, ihre Vorstellungen über die Beziehungen der Geschlechter, ihre aus all dem erwachsene soziokulturelle Anfälligkeit für Gewalt.

Die Gewalt, die Yüllan von seinen Eltern und Brüdern erfahren hatte, ging aber über diese Anfälligkeit noch weit hinaus, wie die Berichte des Jugendamtes bezeugten. Yüllan bekam Gewaltandrohung und Gewaltanwendung von frühester Kindheit an zu spüren, und diese familiäre Gewalt fand in der kollektiven soziokulturellen Hintergrunderfahrung der Legitimierung von individueller und Gruppengewalt zur Durchsetzung der eigenen Rechte ein verstärkendes Echo. Bis er Lisa kennen lernte, war er überall, zu Hause, in der Nachbarschaft wie in der Schule, als Schläger auffällig geworden. Danach war es ihm gelungen, diese Neigung unter Kontrolle zu halten, wobei ihm sein Türsteherjob die Gelegenheit geboten hatte, sie als »Rausschmeißer« auch beruflich legitimiert ein Stück weit auszuleben. Als seine Beziehung zu Lisa in eine Krise geriet, so erklärte ich es dem Gericht, brach seine Neigung zur Gewalt wieder durch. Aber auch die traditionellen, archaischen Vorstellungen, wonach die Frau für immer Eigentum des Mannes bleibt, der sie defloriert hat, verlangten nun auf einmal ihr Recht. Zuerst versuchte Yüllan durch Drohungen und Schläge seinen Willen bei Lisa durchzusetzen und über längere Zeit gelang ihm dies auch. Als Lisa sich jedoch endgültig von ihm getrennt hatte und seine Drohungen nichts mehr fruchteten, als also sein »Knüppel aus dem Sack«-Prinzip nicht mehr funktionierte und sie sich ihm versagte, blieb ihm nichts anderes mehr übrig, als mit seinem Ersatzschwanz, seiner Pistole, in sie einzudringen, und das brachte ihr den Tod.

Diese dramaturgische Folgerichtigkeit bedeutete aber nicht, dass Yüllan im Sinne des Strafgesetzes unfähig war, anders zu handeln, als er es getan hatte, oder dass diese Fähigkeit auch nur »erheblich vermindert« war. Er hatte alles genau geplant, sich eine Pistole gekauft und war mit ihr in die Arztpraxis gegangen, um Lisa zu bedrohen. Dort mag er durch ihre Antworten noch weiter in Wut geraten sein. Tatsache war, er hatte beide Frauen bis in den Injektionsraum verfolgt und dort gezielt erschossen, danach war er, genauso zielgerichtet, wieder weggefahren. Für eine tiefgreifende Bewusstseinsstörung auf dem Boden einer Affekttat reichte das alles nicht, das meiste daran widersprach dem sogar. Ich musste Yüllan also für strafrechtlich voll verantwortlich erklären.

Für seine Zukunft wichtiger als diese Frage war allerdings eine andere: ob er als Heranwachsender einem Jugendlichen gleichgestellt werden konnte. Bejahendenfalls betrug, auch bei Annahme eines Mordes, die Höchststrafe für ihn zehn Jahre, verneinendenfalls drohte lebenslänglich.

Hier nun hatte Yüllan das Pech, in einen juristischen Schulenstreit zu geraten. Während in den letzten drei Jahrzehnten die Gutachter bei nachweisbaren Reifedefiziten in über 80 % der Fälle meist umstandslos eine Gleichstellung von Heranwachsenden mit Jugendlichen empfohlen hatten und die Gerichte dem gefolgt waren, wehte im Strafrecht und in der öffentlichen Meinung über Jugendkriminalität nun jedoch ein anderer, schärferer Wind. Der Bundesgerichtshof, inzwischen mit konservativeren, straffreudigeren Richtern besetzt als in den Siebziger- und Achtzigerjahren, hatte gerade die Gleichstellung von Heranwachsenden mit Jugendlichen aufgrund von Reifedefiziten radikal eingeschränkt, indem er eine Prüfung daraufhin anordnete, ob es sich bei den festgestellten Reifedefiziten um Mängel handelte, die durch spontane Nachreifung oder einfache pädagogische Maßnahmen behebbar, oder aber um Mängel, die bereits zu »fixierten Verhaltensdispositionen« geworden, also unbeeinflussbar seien. Nur die Ersteren berechtigten dem BGH zufolge zu einer Gleichstellung. Ich war empört ob dieser jesuitischen Spitzfindigkeit, die mehr dazu diente, der populistischen Kampagne der Medien und der Politiker gegen junge Straftäter und für eine generelle Verschärfung des Strafrechtes ein höchstrichterliches Echo zu geben, als uns Sachverständigen handhabbare Entscheidungshilfen zur Verfügung zu stellen. Aber wie sollte ich nun argumentieren?

Glücklicherweise hatte das BGH-Urteil, allerdings höchst gewunden und gequetscht, bei Annahme von unbehebbaren Reifedefiziten einen besonders hohen Gewissheitsgrad dieser Erkenntnis verlangt. Frech folgerte ich nun, um die verlangte Unterscheidung mit der im Strafrecht erforderlichen an Sicherheit grenzenden

Wahrscheinlichkeit, also juristisch gesprochen, zweifelsfrei vornehmen zu können, bedürfte der Sachverständige prophetischer Fähigkeiten: Er müsse wie ein Seher der Antike die Zukunft erkennen können, ob nun mit Hilfe des Vogelfluges, des Kaffeesatzes oder lediglich aufgrund seiner angeborenen hellseherischen Gaben. Außer bei organisch bedingten Intelligenzmängeln könne nämlich sonst niemand mit hinreichender Sicherheit voraussagen, ob nicht auch schwere Reifungsdefizite sich durch das Leben selbst, etwa durch eine glückliche Begegnung, ein Stück weit ausgleichen lassen. Nur eine größere oder kleinere Wahrscheinlichkeit dafür oder dagegen lasse sich für die Zukunft einigermaßen begründet vorhersagen. Durch sie werde aber der Grundsatz »im Zweifel für den Angeklagten« nicht ausgehebelt: Auch bei einer größeren Wahrscheinlichkeit für »unbehebbare« Reifungsdefizite müsse diesem Grundsatz zufolge Jugendrecht angewendet werden. »Unbehebbare« Reifedefizite im Sinne des BGH-Urteils seien bei Yüllan bei Betrachtung seiner bisherigen

Lebensgeschichte zwar etwas wahrscheinlicher als behebbare, aber mit an Sicherheit grenzender Wahrscheinlichkeit könne man dies nicht feststellen. Daher müsse ich dem Gericht, wenn es meine grundsätzlichen Überlegungen teile, die Anwendung des Jugendstrafrechts empfehlen. Allerdings sei Yüllan ein gefährlicher Täter, bei ähnlichen Konstellationen seien Gewalttaten bis hin zu Tötungen nicht auszuschließen, wenn er in ein paar Jahren wieder in Freiheit sei. Er bedürfe dringend einer therapeutischen Bearbeitung seiner Gewaltbereitschaft.

Das Gericht entschied gegen mein Votum, wohl aus berechtigter Sorge, eine Revision des BGH könnte sonst das Urteil kippen. Es verurteilte Yüllan, wie von der Staatsanwaltschaft beantragt, als Erwachsenen wegen zweifachen Mordes zu einer Freiheitsstrafe von dreizehn Jahren, aber eben nicht zu einer lebenslänglichen Strafe. Die junge, sehr kompetente Staatsanwältin hatte es sich dabei nicht leicht gemacht. Sie hatte einen Kompromiss gefunden, der die neue höchstrichterliche Rechtsprechung wenigstens abmilderte. Bei der letzten Sitzungspause vor dem Urteil sah ich sie weinen, weil sie einen so jungen Menschen für eine so lange Zeit ins Gefängnis und eine unsichere Zukunft schicken musste. Yüllan aber schrie, als er das Urteil hörte, er werde sich blutig an allen hier Anwesenden rächen.

Habe ich mich, hat das Gericht sich hier richtig entschieden? Bei kaum einer anderen Begutachtung hatte ich mir so viel Skrupel gemacht, war es doch meine grundlegende Überzeugung, der Modeströmung entgegensteuern zu müssen, die die gesellschaftlichen Außenseiter für ihr Schicksal und ihre Taten allein verantwortlich zu machen sucht und so die Gesellschaft, ihre Geschichte und die sie beherrschenden Prinzipien von Schuld freispricht. Das populistische BGH-Urteil musste ich von innen aufbrechen und hatte dafür auch Argumente gefunden. Aber wenn bei Yüllan das Jugendrecht Anwendung gefunden hätte, so wäre er in spätestens fünf Jahren, als Erstverurteilter vielleicht schon nach drei wieder auf freiem Fuß gewesen, voraussichtlich ohne jede wirksame Therapie. Die Schwere seiner Tat wäre ihm bei einem solchen Urteil gar nicht deutlich geworden, er hätte sich immer noch vorgaukeln können, dass er, nach seinen eigenen Grundsätzen, richtig gehandelt und einen durchaus erträglichen Preis dafür gezahlt habe. Bei seiner Gewaltbereitschaft wäre die nächste Tat dann schon abzusehen.

Ich wusste, dass ich mit meiner Empfehlung, das Jugendrecht anzuwenden, ein hohes Risiko einging, aber Yüllan als psychisch krank in eine forensische Abteilung der Psychiatrie schicken konnte ich auch nicht, hatte ich doch mein Lebtag lang gegen eine Psychiatrisierung sozialer Schädigungen und charakterlicher Defizite gekämpft. Insofern war ich mit dem Urteil des Gerichts sehr einverstanden: Es hatte zwar gegen mein Votum die Anwendung von Jugendrecht abgelehnt, doch gleichzeitig hatte es meine kultur- und entwicklungspsychologischen Analysen berücksichtigt und sichergestellt, dass Yüllan bei seiner Entlassung noch jung genug sein würde, um ein neues Leben beginnen zu können. Es hatte zudem eine Bearbeitung seiner Gewaltbereitschaft auf einer sozialtherapeutischen Abteilung einer JVA angeregt. Wahrscheinlich war dies die weiseste Entscheidung, die die Richter unter diesen schwierigen Umständen treffen konnten, und ich war ihnen dankbar dafür. Vielleicht auch ein bisschen dafür, dass ich Yüllans Rache für die nächsten zehn Jahre nun nicht fürchten musste.

Das Unglück der kleinen Giftmischerin

Am 10. Dezember 1995 verstarb in einer mittelgroßen süddeutschen Stadt, völlig unerwartet für ihre Familie, die Hausfrau und Fahrlehrersgattin Bärbel Schulte. Nach zwei Tagen Brechdurchfall und Magenkrämpfen, Ausbrüchen kalten Schweißes und Schwächegefühlen hatte sie das Bewusstsein verloren und war mit Blaulicht und Sirene auf die Intensivstation des städtischen Krankenhauses gebracht worden, wo es jedoch für jegliche therapeutische Hilfe zu spät war. Da schon seit Jahren Episoden mit Magenkrämpfen und Durchfall aufgetreten waren und bei der Krankenhaussektion keine auf einen unnatürlichen Tod hindeutenden Anzeichen gefunden wurden, nahmen die Ärzte ein Herz- und Kreislaufversagen bei durchfallbedingtem Flüssigkeitsmangel als Todesursache an und die Verstorbene wurde bestattet. Die Familie zeigte in diesen Tagen eine durchaus angemessene, wenn auch angesichts der Plötzlichkeit der Ereignisse bestürzte Trauer. Nur die fünfzehnjährige Tochter Josefine fiel etwas aus dem Rahmen. Sie hatte, schon als der Notarzt gekommen war, weinend erkärt, wenn der Mutter etwas passiere, so werde sie sich umbringen. Und als die Mutter dann wirklich starb, schlug sie wie ein kleines Kind wild um sich und warf das Mobiliar im Krankenhauswartezimmer um. Bereits als der Krankenwagen gekommen war, hatte sie einen Nachbarn, der beim Sirenengetön vor seine Haustür getreten war, mit den Worten: »Du Wichser, verschwinde!«, angeherrscht. Da aber alle das etwas exaltierte Wesen Josefines kannten, war dies ebenso wie ihr Benehmen im Krankenhaus auf das Konto ihres Schmerzes und ihrer Erregung über den drohenden und dann ja auch wirklich eingetretenen Verlust der Mutter verbucht worden, zumal Josefine sich in den Tagen und Wochen danach wieder völlig beruhigte. Mitte Januar 1996 ging sie wieder zur Schule.

Einen Monat später, im Februar, erzählte Josefine einer Klassenkameradin, sie hätte gerade einem Jungen, der sie geärgert hätte, in einer Zeremonie schwarzer Magie den Tod herbeibeschworen. Wenn das nicht funktionieren sollte, hätte sie zu Hause noch eine Säure, mittels derer sie ihn vergiften könne. Sie sei dazu durchaus imstande, denn sie hätte schon jemandem Gift gegeben. Einer anderen Klassenkameradin erzählte sie, dass sie vielleicht versehentlich ihre Mutter vergiftet hätte. Beide Klassenkameradinnen wandten sich daraufhin an die Lehrerin. Diese setzte sich mit den Eltern der Mädchen in Verbindung, von denen schließlich am 21. Februar die Polizei benachrichtigt wurde. Am 2. März wurde die Leiche von Frau Schulte exhumiert und am 5. März von der Polizei Strafanzeige wegen Verdachts eines Tötungsdeliktes erstattet.

Der weitere Verlauf bis zum 20.9.1997, also über die nächsten anderthalb Jahre, lässt sich nur unvollkommen rekonstruieren. Kurz nach der Exhumierung hatte die Polizei bei Schultes angerufen und Josefine zu einer Vernehmung gebeten. Daraufhin berieten sich der Vater und Josefine mit dem Familienanwalt, der zugleich ein enger Freund des Vaters war. Bei diesem Gespräch gab Josefine schließlich zu, wenige Tage vor dem Tod der Mutter der Butter des ungeliebten Großvaters ein Pulver beigemischt zu haben, das sie im seit langem unbenutzten Chemielaboratorium des Vaters gefunden hatte. Auf der Flasche sei ein Totenkopf abgebildet gewesen und es habe »Gift« darauf gestanden. Der Anwalt riet daraufhin, vorläufig keinerlei Aussagen zu machen und das Ergebnis der Untersuchungen abzuwarten. Warum dieses erst anderthalb Jahre später eintraf, obwohl es sich um den Verdacht auf ein Tötungsdelikt gehandelt hat und eigentlich höchste Eile geboten war, hat sich nie aufklären lassen. Natürlich stellte sich die Frage, ob hier irgendjemand seine Beziehungen hatte spielen lassen, aber es gab keine Antwort darauf, wem das denn einen Vorteil gebracht hätte. Weil so lange Zeit nichts geschah, vermuteten Josefine und ihr Vater allerdings, dass die Sache im Sande verlaufen sei: der Vater, weil er hoffte, dass die ganze Geschichte nur der exaltierten Fantasie seiner Tochter entsprungen war, und diese, weil sie sich noch immer einreden konnte, dass sie vielleicht doch nur ein harmloses Pulver in die großväterliche Butterdose gestreut hatte und die Mutter eines natürlichen Todes gestorben war. Aber am 20.9.1997 erging dann – von niemandem mehr erwartet – ein Haftbefehl gegen Josefine, nachdem die Untersuchung der über achtzehn Monate konservierten Leichenteile sehr große, hochtoxische Mengen von Arsenik zutage gefördert hatte. Das Mädchen, mittlerweile siebzehneinhalb Jahre alt geworden, wurde zur Untersuchungshaft in ein ländliches Frauengefängnis verbracht und ich mit der Erstattung eines Gutachtens zur Schuldfähigkeit und zur strafrechtlichen Reife beauftragt.

Ich hatte erst nach langem Zögern diesen Auftrag übernommen, war ich doch kein Kinder- und Jugendpsychiater. Aber da Josefine inzwischen fast achtzehn Jahre alt war und mich die Kammervorsitzende, der Staatsanwalt und der Verteidiger einhellig darum baten, hatte ich unter dem Vorbehalt zugestimmt, dass die in Jugendsachen sehr erfahrene Psychologin, mit der ich seit vielen Jahren zusammenarbeitete, mit einem Zusatzgutachten beauftragt wurde und außerdem ein Jugendpsychiater zu Rate gezogen werden sollte, wenn ich das Gefühl bekäme, nicht mehr zurande zu kommen. Letzteres erwies sich dann doch nicht als notwendig.

Josefine war ein kleines, gut gewachsenes Mädchen mit langen blauschwarz gefärbten Haaren, spitz zulaufenden Fingernägeln und vielen Aknenarben in einem ansonsten wohl komponierten Gesicht, das von sehr wach um sich blickenden Augen beherrscht wurde. Über die Schüchternheit der anfänglichen Minuten kam sie schon nach dem ersten freundlichen Zuspruch hinweg. Sie erzählte mir ganz offenherzig ihre bisherige Lebensgeschichte, was sie zu ihrer Tat veranlasst hatte und was sie empfunden hatte während der Tage, in denen die Mutter schlimmste Schmerzen gelitten hatte und schließlich gestorben war. Diese naiv, ja manchmal noch sehr kindlich anmutende Offenheit war es allerdings auch, die mich für einen Augenblick innehalten ließ: So ganz passte sie mit dem aufmerksam beobachtenden, wendigen Blick der anthrazitfarbenen Augen nicht zusammen. Aber schon nach wenigen Minuten vergaß ich diese kleine Unstimmigkeit und vor mir saß wieder ein kleines, schutzbedürftiges Mädchen, das ich gerne unter meine Fittiche genommen hätte, wenn dies meine Rolle als Gutachter nicht verboten hätte.

So hörte ich einfach aufmerksam zu. Aus Josefines Erzählungen schälte sich eine zunächst ziemlich normal anmutende Lebensgeschichte heraus, mit den üblichen Spannungen und kleinen Konflikten zwischen den Geschwistern, den Generationen und den Herkunftsfamilien. Der Vater, ausgebildet als Chemielaborant, übernahm 1988 von seinem Vater eine Fahrschule, in der er seither als viel beschäftigter und renommierter Fahrlehrer tätig war, während die Mutter, gelernte Friseuse, stundenweise bei der Terminplanung und der Buchhaltung mithalf, in erster Linie aber für den Haushalt und die Kindererziehung verantwortlich zeichnete. Josefine war das Nesthäkchen. Sie hatte noch zwei ältere Geschwister: die neun Jahre ältere, zur Tatzeit bereits verheiratete Claudette und den um vier Jahre älteren Niklas, der noch im elterlichen Hause lebte, aber als die Mutter starb, auch schon eine feste Freundin hatte. Sowohl aus Josefines Erzählungen als auch aus dem Bericht der Jugendgerichtshilfe ergab sich, dass der Vater in das Erziehungsgeschehen nur insofern einbezogen war, als er im Auftrag der Mutter manchmal ein Machtwort zu sprechen hatte, ansonsten aber fast alles der Mutter überließ. Er war der Außenminister der Familie, der für das Einkommen zu sorgen hatte, die Mutter war für die häuslichen Verhältnisse zuständig: für den Haushalt, die Kinder und die Aufrechterhaltung der Verwandtschaftsbeziehungen. Die Bindungen der Geschwister an die Eltern waren unterschiedlich: Während Claudette Vaters Liebling war, fühlte Josefine sich sehr eng mit ihrer Mutter verbunden. Die besondere Liebe des Bruders neigte hingegen mal der Mutter, mal dem Vater zu.

Außerdem gab es noch, wenigstens in Josefines frühen Kindheitsjahren, alle vier Großeltern. Der Opa väterlicherseits, aus

Brandenburg stammend und ursprünglich Bäcker, hatte nach seiner Übersiedlung in den Westen die Fahrschule gegründet und sie später seinem Sohn, Josefines Vater, vererbt. Josefine erinnerte sich noch, dass dieser Opa um diese Zeit für eine Weile nicht mehr zu Besuch gekommen war, wusste aber nicht weshalb. Darüber sei zu Hause nicht gesprochen worden. Nach einiger Zeit tauchte er aber zu Geburtstagen und Festen mit der Oma wieder auf, und sie ging in der Folgezeit oft nachmittags zu ihnen hinüber, sie wohnten nur zehn Minuten vom Elternhaus entfernt. Mit 82 Jahren war der Opa ganz friedlich in seinem Fernsehsessel eingeschlafen, und die Oma starb ungefähr um die gleiche Zeit an einem Schlaganfall. An beide Beerdigungen

erinnerte Josefine sich noch gut. Sie hatte die beiden gemocht, auch wenn die Großeltern väterlicherseits im Gefühlshaushalt der Schulte-Kinder offensichtlich nur eine untergeordnete Rolle gegenüber den Großeltern mütterlicherseits spielten. Die wohnten auf dem Lande und hatten einen Bauernhof und einen Reitstall, so dass Ferien und Besuche dort, jedenfalls während Josefines frühen Kinderjahren, ein regelrechtes Abenteuer waren. Vor allem von der Oma mütterlicherseits wurde sie sehr verwöhnt. Als sie etwas älter wurde, bekam sie allerdings mit, dass beide tranken und der Opa die Oma schlug. Als die Oma starb und der Opa sich eine Freundin zulegte, fuhr sie nicht mehr so gerne dorthin. Trotz dieser Spannungen berichtete Josefine über eine bis zu dem Beginn ihrer Pubertät eher glückliche und behütete Kindheit, in der es auch an körperlichen Zärtlichkeiten nicht gefehlt hatte. Als Nesthäkchen bekam sie überdies von den Eltern nach ihren eigenen Erzählungen, anders als ihre Geschwister, alle materiellen Wünsche sofort erfüllt, sie kriegte, wie sie sagte, alles

»in den Arsch gesteckt«. Die geschwisterliche Solidarität habe darunter aber nicht gelitten, auch wenn es gelegentlich mit der älteren Schwester etwas Streit gab oder sie sich mit Niklas ab und zu prügelte. Claudette und Niklas wurden sogar in mancher Hinsicht Vorbilder für sie, als sie etwas älter wurde. Der Vater und der Bruder Niklas, mit dem ich kurz nach meinem ersten Treffen mit Josefine ein langes Gespräch führte, bestätigten im Großen und Ganzen ihre Darstellung der Kindheitsjahre, Niklas fügte allerdings hinzu, dass seine kleine Schwester es immer, auch schon als ganz kleines Mädchen, fertig gebracht hätte, durch heftige Wutanfälle und wildes Schreien ihren Willen bei den Eltern durchzusetzen.

Mit zwölf, dreizehn Jahren verdunkelte sich allerdings dies eher sonnig gezeichnete Bild. Josefine, bis dahin ein niedliches Kind, bekam überall im Gesicht Aknepickel. Die Mitschüler und Mitschülerinnen hänselten sie deswegen, sie fühlte sich hässlich und ungeliebt. Ihre Busenfreundin aus den ersten sieben Schulklassen, Tamara, ging auf eine andere Schule, zu ihrer einzigen Vertrauten wurde nun die Mutter. Ansonsten beschäftigte sie sich gerne mit Musik. Dem Vorbild ihres Bruders folgend schrieb und vertonte sie Folk-Songs, die eine Lehrerin, der sie sie zeigte, so gut fand, dass sie ihr riet, damit an die Öffentlichkeit zu treten: vielleicht aus Überzeugung, vielleicht aber auch, weil sie Josefines Selbstvertrauen stärken wollte. Die traute sich aber nicht zu, einen solchen Schritt zu gehen. Als der Bruder sich einer anderen Musikrichtung, dem »Heavy Metal«, zuwandte, folgte Josefine ihm für eine Weile auch dorthin, spürte aber, dass diese ihren Gefühlsströmungen nicht entsprach, und landete schließlich bei den »Gothics«, einer depressiven, todessehnsüchtigen

Musik, von der fließende Übergänge zu verschiedenen okkulten Beschwörungsritualen hinführten. Um diese Zeit, vielleicht ein Jahr vor dem Tode der Mutter, begann sie damit, sich die Haare blauschwarz zu färben, das Gesicht weiß zu pudern und sich schwarz anzuziehen. Das führte dazu, dass die Mitschüler sich nun nicht mehr nur wegen ihrer Pickel, sondern auch wegen ihres exzentrischen Outfits über sie lustig machten und sie sich noch einsamer fühlte. Als Antwort auf die Hänseleien drohte sie nun damit, sich mittels Zaubersprüchen und Hexenritualen blutig zu rächen.

Aber auch zu Hause gab es nun zunehmend Probleme: wegen ihrer Aufmachung, aber auch, weil sie immer häufiger während der Schulzeit zu Konzerten ihrer Lieblingsgruppen quer durch Deutschland fahren wollte. Sie war zu einem regelrechten »Groupie« geworden, litt aber darunter, dass die Stars nach den Konzerten zwar mit ihr manchmal ein paar freundliche Worte wechselten, dann aber zu ihren »tollen Frauen« zurückkehrten und sie nicht mehr beachteten. Aus Kummer trank sie sich dann gelegentlich einen an. Als die Eltern sahen, dass Verbote nichts fruchteten – eine Klassenkameradin, bei der sie angeblich übernachtete, fand sich immer –, ließen sie diese Reisen zu, allerdings unter der Bedingung, dass der Vater sie von den Konzerten abholte, manchmal über hunderte von Kilometern. Das ersparte ihr häuslichen Ärger, beschnitt aber auch ihre Möglichkeiten, nach den Konzerten Kontakt zu den Stars aufzunehmen. So war ihr, wenn sie wieder zu Hause war, oft hundeelend zumute und sie begann damit, sich die Unterarme mit Rasierklingen aufzuritzen. Wenn sie das Blut fließen sah, verspürte sie eine riesige Erleichterung, die allerdings nicht lange anhielt. Die Eltern bemerkten die Blutflecken und später die Narben zwar, ordneten die ganze Sache aber als pubertäres Entwicklungsproblem ein.

Ein weiteres Problem bildete das Reiten. Josefine war in die Fußstapfen ihrer älteren Schwester Claudette getreten, der die Großeltern auf ihrem Bauernhof ein Pferd bereitgestellt hatten, mit dem sie schon mehrere Turniere gewonnen hatte. Als Claudette nach ihrer Eheschließung nicht mehr weiter reiten wollte, hatte Josefine ihr Pferd übernommen. Sie war aber nicht an Turnieren, sondern nur am Reiten interessiert, zum Leidwesen des Großvaters, eines cholerischen und sehr eigenwilligen Mannes, der sie mit Drohungen, das Pferd sonst zum Schlachter zu bringen, zu regelmäßigen Übungen zwecks einer Turniervorbereitung zu zwingen versuchte. Die Eltern, vor allem aber die Mutter, überredeten Josefine, sich den Wünschen des Opas zu fügen, was diese auch tat, wie sie mir sagte, weil sie mehrfach Szenen beobachtet hatte, wie der Opa die Mutter anherrschte und bedrohte, so dass sie eine regelrechte Angst um sie ausgestanden hatte. Gleichwohl blieb mir unklar, ob der Opa den Eltern gegenüber nicht doch noch irgendein anderes, verstecktes Druckmittel besaß, um ihnen gegenüber seinen Willen durchzusetzen, denn sie hätten den Kontakt zu ihm ja auch einfach abbrechen können.

Mir war während des Gespäches mit Josefine klar geworden, dass sie sich im letzten Jahr vor dem Tode der Mutter immer mehr auf sich selbst und ihre Innenwelt zurückgezogen hatte: auf ihre Musik, ihre Beschwörungsriten, vielleicht auch auf die paar ruhigen Stunden, in denen sie über Land geritten und ungestört ihren Gedanken nachgegangen war. Ihre eigenen Wünsche und Bedürfnisse, ihre Ängste, wohl auch ihr eigener Ärger und Zorn, das war mehr oder weniger ihre einziger Lebensinhalt, aber auch die Messlatte für ihre Handlungen und Entscheidungen. Nur so lässt sich verstehen, was nun folgte.

Ihr Opa wollte sie nämlich gegen ihren Willen zur Turnierreiterin machen und zwang sie zu ständigen Übungen zu von ihm festgelegten Zeiten. Er respektierte nicht ihre anderen Interessen, vor allem ihre Musik, und veranstaltete bei jedem ihrer Konzertbesuche einen Heidenkrach, indem er nicht nur sie, sondern auch die Mutter dafür zur Rechenschaft zog. So begann Josefine den Opa als die wichtigste Störungsquelle ihres eigenen Lebens und der ganzen Familien zu betrachten. Wenn der Opa weg wäre, so dachte sie, würde alles ganz anders und viel besser, vor allem für sie und die Mutter. Dabei fielen ihr das vom Opa blau geschlagene Auge der Lieblingsoma wieder ein, die Drohungen gegenüber der Mutter, die diesen offenbar völlig hilflos ausgeliefert war, die Erzählung des Vaters, er sei vom Opa mit der Mistforke vom Hof gejagt worden, als er gewagt hatte, um die Hand seiner Tochter anzuhalten. Das alles führte dazu, dass sie sich immer häufiger sagte: Der Opa muss weg. Das bedeutete vorläufig aber nur: Hoffentlich wird er bald sterben.

Ein fester Plan, das zu beschleunigen, berichtete sie mir, wurde daraus noch lange nicht. Zuerst besann sie sich auf ihre schon seit einiger Zeit geübte Strategie, sich gegen Angriffe und unliebsame Vorkommnisse zu wappnen: ihre Beschwörungsrituale. In einer Art Voodoo-Zeremonie »tötete« sie im Kerzenschein die Wachspuppe ihres Großvaters und war enttäuscht, dass ihm daraufhin nichts geschah. Mir sagte sie, es sei wohl nicht die richtige Uhrzeit gewesen und sie hätte auch nicht alle richtigen Sachen dagehabt. Das zeigte, dass sie wenigstens halbwegs an die prinzipielle Wirksamkeit ihrer Hexenkunststücke glaubte.

Ein weiteres Schlüsselerlebnis waren die drei Wochen, in denen der Opa in Kur war und sie auf dem Hof, ohne angetrieben oder hinterher mit bösartigen Bemerkungen bedacht zu werden, reiten konnte, wie sie wollte.

Kurz danach fuhr die ganze Familie in Urlaub nach Australien, wo eine der Lieblingsbands von Josefine beheimatet war. Sie hatte mit den Stars nach dem Konzert auch reden können; überhaupt sei der Urlaub eine ziemlich glückliche, ruhige Zeit gewesen. Eines Nachts habe sie geträumt, dass sie mit Tamara, ihrer früheren Busenfreundin, ins Schlafgemach des Opas eingedrungen sei und sie beide ihn erstochen hätten. Danach sei sie einen Moment lang richtig erleichtert gewesen: Es war ihr, als ob nun der Opa wirklich »weg« wäre. Natürlich wusste sie gleichzeitig, dass er noch lebte, und auch, dass sie ihn nicht wirklich erstechen könne. Aber der Gedanke, es nun endlich irgendwie doch zu tun, hätte sie nicht mehr losgelassen.

Wieder zu Hause, hätte sie zufällig im Keller, im früheren Chemielaboratorium des Vaters, ein Plastikfläschchen entdeckt, auf dem »Gift« stand, und das eingesteckt. Eine Weile hätte sie es mit sich herumgetragen, auch wenn sie zum Reiten zum Opa fuhr. Dann hätte sie eines Tages etwas davon, nur eine kleine Menge, in die Thermosflasche des Großvaters geschüttet und der hätte daraus auch getrunken. Aber es sei wieder nichts geschehen. Einerseits sei sie darüber erleichtert gewesen, andererseits aber auch verärgert, weil sie wieder einmal nichts Halbes und nichts Ganzes getan hätte. Und eine Woche später hätte sie dann eine große Portion des Pulvers unter die Butter des Opas gemischt, die in einer Dose, neben Brot und Aufschnitt, auf dem Tisch für sie bereitstand.

Josefine berichtete mir, immer noch verhältnismäßig gefasst, von dem, was danach geschah. Der Opa hätte einen Zettel hinterlassen mit der Information, er sei zu seiner neuen Freundin gefahren, sie solle sich das Pferd holen und sich ein, zwei Stunden auf das bevorstehende Turnier vorbereiten. Sie aber hätte des Opas Abwesenheit ausgenutzt und sei einfach spazieren geritten. Als sie zum Stall zurückkehrte, traf sie auf die Mutter, die sie abholen gekommen war. Josefine bat diese, fünf Minuten im Hause zu warten, bis sie das Pferd versorgt hätte.

Als sie die Küche betrat, sah sie mit Schrecken, wie die Mutter in ein dick beschmiertes Butterbrot hineinbiss. Sie hätte geschrien: »Was machst du da?« Die Mutter habe zurückgeschrien und sich einen solchen Ton verbeten. Daraufhin hätte sie nichts mehr zu sagen gewusst. Sie sei völlig blockiert gewesen. Einerseits hätte sie gewusst: Ich muss ihr das sagen! Andererseits hätte sie gefürchtet, dass die Eltern sie in ein Heim stecken würden, wenn sie zugäbe, die Butter des Opas vergiftet zu haben. Diese Angst war schließlich stärker, zumal der vergiftete Kaffee dem Opa nicht geschadet hatte und sie so hoffen konnte, auch die Mutter werde ungeschoren davonkommen. Und zunächst geschah ja auch nichts. Erst als die Mutter beim abendlichen Fernsehfilm brechen musste, hätte sie gewusst, dass dies von der Butter käme. Aber immer noch nicht hätte sie sich getraut, etwas zu sagen. Immer noch hätte sie gehofft, es werde der Mutter am nächsten Morgen schon besser gehen. Und ich sagte mir, dass dies gar nicht so absurd war, da auch ich, als mein Vater nach einer Operation im Sterben lag, am Abend vor einem unruhigen Schlaf gegen alle Vernunft gehofft hatte, am nächsten Morgen sei der Alptraum vorbei.

Der Mutter ging es in den nächsten anderthalb Tagen immer schlechter, was Josefine aber nicht genau mitbekam, weil sie in der Zeit an einem Reitturnier teilnahm. Am Freitagmittag hatte die Mutter das fatale Butterbrot gegessen. Am Sonntagmittag verlor sie das Bewusstsein und wurde in die Klinik gebracht, zwei Stunden später war sie tot. Josefine sagte, dass sie in den Tagen danach nur noch sterben wollte. Die letzten Lebenstage der Mutter schilderte sie mir unter Tränen.

Schon kurz nach dem Tode der Mutter gab der Vater deren Kleider und Wäsche einem Secondhandshop. In den ersten Wochen schlief Josefine noch neben ihm. Wenig später hatte er eine sehr junge Freundin, bei der er sich nach einiger Zeit auch einquartierte. Niklas und Josefine blieben allein in der elterlichen Wohnung zurück. Des Vaters Freundin sei eigentlich ganz nett, sagte Josefine, aber dass der Vater mit ihr die Erinnerung an die Mutter auszulöschen versuche, das könne sie nicht ertragen.

Danach hatte sie sich allerdings erstaunlich schnell wieder erholt. Ihre Schulleistungen wurden besser, im Juni 1996 machte sie ihren Realschulabschluss, im September begann sie mit einer Dolmetscherschule, in der sie auch recht erfolgreich war. Nach wie vor verfasste sie Liedertexte und Musikstücke, und sie ging auch weiterhin auf Konzerte. Mit sechzehneinhalb schlief sie zum ersten Mal mit einem Jungen, beide besoffenen Kopfes, wie sie sagte, sie wollte ihn danach nicht wieder sehen. Einige andere intime Kontakte schlossen sich an, die Jungs seien »eigentlich alle lieb und nett« gewesen und sie hätte auch Spaß dabei gehabt, dennoch hätte sie sich anschließend von ihnen getrennt. Eine heimliche Liebe hegte sie zu einem Freund ihres Bruders, aber der machte nie einen Annäherungsversuch und sie traute sich nicht. Wenn sie besonders unglücklich war, ritzte sie sich wieder einmal ihren Unterarm auf. So gingen die Tage bis zu ihrer Verhaftung dahin.

Wenige Tage nach dem Besuch in der Haftanstalt, in der Josefine einsaß, hatte ich das schon erwähnte Gespräch mit ihrem Vater und mit ihrem Bruder. Es dauerte sechs Stunden und fand in meinem Arbeitszimmer statt, einem kleinen Mansardenraum. Frau Dr. Müller, meine jugendpsychologisch erfahrene Mitarbeiterin, die inzwischen Josefine auch kennen gelernt hatte, war ebenfalls zugegen. Sehr viel Neues über Josefine und über ihre Beziehung zum Großvater und zur Mutter erfuhren wir dabei nicht. Ja, der Opa war wirklich äußerst launisch und cholerisch, er duldete keinerlei Widerspruch, als Kind hätte Josefines Mutter tatsächlich viel von ihm ausstehen müssen und sei auch noch bis ins Jugendlichenalter bei nichtigen Anlässen von ihm geschlagen worden. Der Vater sagte, er hätte seiner Frau mehrfach empfohlen, den so unerfreulichen Kontakt zum Opa doch abzubrechen, aber die hätte sich von einer inneren Abhängigkeit diesem gegenüber wohl nie ganz lösen können. In den letzten Jahren hätte sich die Situation eher noch verschärft. So konnte ich mir nach diesen Äußerungen gut vorstellen, dass Josefines Zorn über den Opa in der Familie ein lebhaftes Echo gefunden hatte und dadurch noch weiter angeschwollen war.

Die Mutter erschien in den Schilderungen ihres Mannes und ihres Sohnes als eine wenig selbstbewusste Frau, die sich sogar der Liebe ihrer Kinder nicht sicher war und die sich von der häuslichen und erzieherischen Alleinverantwortung, die ihr Ehemann ihr zunehmend überlassen hatte, überfordert fühlte. Manchmal kam sie ihrem Sohn Niklas gar nicht wie Josefines Mutter vor, sondern eher wie deren Schwester. Die sehr enge Beziehung Josefines zu ihr wurde vom Vater wie vom Bruder bestätigt, ebenso wie Josefines Verzweiflung, als die Mutter starb. Beide wunderten sich allerdings auch etwas darüber, dass sie verhältnismäßig schnell darüber hinweggekommen war und sich bald schon wieder ihren Stars, deren Konzerten, ihrer Musik und ihren okkulten »Spinnereien« zugewandt hatte.

Dies alles ergab ein geschlossenes, eindeutiges Bild der familiären Situation, für mein Gefühl vielleicht ein allzu klares – so als ob diese Einhelligkeit dazu dienen sollte, irgendein Familiengeheimnis, hinter das niemand kommen sollte, zu verbergen. Mich störte auch die leicht kaltschnäuzige Art, in der Vater und Sohn sich ausdrückten: Viel Sympathie für Josefine war da nicht herauszuhören. Verständlich einerseits, weil sie am Tode der Mutter ja schuld war, auch wenn sie ihn nicht beabsichtigt hatte, aber ich bemerkte auch nichts von einer Zwiespältigkeit, die trotz alledem auf eine enge Bindung zu ihr hingewiesen hätte. Sie redeten über sie eher wie über eine Sache oder einen Beobachtungsgegenstand. Und vor allem der Vater tat sich mit Redewendungen hervor, die er wohl aus seiner Bundeswehrzeit mitgebracht hatte, wie »Da habe ich sie auf den Pott gesetzt«, wenn er sagen wollte, dass er sie gezwungen hatte, über eine kleine Dummheit die Wahrheit zu sagen.

Für Josefine tat mir das leid. Aber ich durfte mich nicht von meinen Sympathiegefühlen leiten lassen, als Gutachter hatte ich zuerst die Frage nach Josefines Schuldfähigkeit zu klären.

Weder eine hirnorganisch bedingte noch eine beginnende schizophrene Störung konnte ich bei ihr ausmachen. Für ein akutes Wahnbild zum Tatzeitpunkt sprach nichts, und eine schleichende

Entwicklung hätte in den zwei Jahren, die seither verflossen waren, klar erkennbar sein müssen. Aber weder eine Denkstörung noch eine Abstumpfung des Gefühlslebens hatten sich bei ihr eingestellt.

Allerdings befand sich Josefine zum Tatzeitpunkt in einem für sie sehr schwierigen Identitätsfindungsprozess. Sie hatte sich bei den Konzerten als Engländerin oder Holländerin ausgegeben. Mit ihrem okkulten Outfit versuchte sie sich selbst auf der Scheidelinie zwischen Leben und Tod zu platzieren, mit ihrem Groupie-Dasein teilzuhaben am Ansehen und am Ruhm der Stars – und zugleich Distanz von der kleinbürgerlichen Existenzform der Eltern zu gewinnen. Doch all dies konnte noch als pubertäre Identitätskrise

eines schüchternen, selbstunsicheren, aber gleichzeitig von einer geballten inneren Kraft erfüllten Mädchens gewertet werden. Eindeutig darüber hinaus gingen allerdings die Selbstverletzungen durch das Ritzen, die keinen demonstrativen Charakter hatten, sondern die Funktion, sie fühlen zu lassen, dass sie wirklich existierte. Dieses Merkmal wies schon in Richtung einer Borderline-Störung und gab mir die Möglichkeit, eine erhebliche Verminderung der Steuerungsfähigkeit nicht auszuschließen.

Gruppierte man die anderen Auffälligkeiten um die Selbstverletzungen, so ergab sich allerdings auch ein Syndrom, das häufig bei Jugendlichen gefunden wird, die in der Kindheit misshandelt oder sexuell missbraucht worden sind. Diesen Sachverhalt teilte ich dem Gericht mit, musste aber hinzufügen, dass sowohl Josefine als auch ihr Bruder und ihr Vater sagten, zu Misshandlungen oder Missbrauch sei es in der Familie und auch sonst wo niemals gekommen. Niklas sagte sogar, er hätte gehofft, dass der Opa so etwas getan hätte, dann wäre ihm Josefines Tat weniger unver-

ständlich vorgekommen. Dennoch ließ mich der Verdacht auf ein derartiges Familiengeheimnis nicht los. Sollte Josefines Mutter irgendwann einmal von ihrem Vater sexuell behelligt worden sein und hatte sie das in einer schwachen Stunde ihrer Tochter erzählt, so dass diese sich zu ihrer Rächerin berufen fühlte?
All diese Überlegungen musste ich natürlich für mich behalten. Aber die Schwierigkeit blieb, dass ich mir nicht ganz erklären konnte, wie Josefine dazu gekommen war, den Großvater nicht nur zu verwünschen, sondern mit Gift wirklich töten zu wollen. Ich sagte dem Gericht zwar, dass ihre noch kindliche Fantasie und ihre Beschäftigung mit Totenkulten und Geisterbeschwörungen vielleicht dazu geführt hatten, dass die Grenze zwischen Leben und Tod für sie nicht so scharf gezogen war und der Tod ihr auch nicht so endgültig erschien wie uns Erwachsenen, aber ich war mir klar darüber – und verheimlichte das auch dem Gericht nicht –, dass dies keine ausreichende Erklärung dafür war, dass Josefine ihre Tötungshemmung überwand. Auch konnte ich mir nicht vorstellen, dass dafür allein die Lästigkeit und der Ärger ausreichten, den der Großvater ihr und ihrer Mutter gemacht hatte.
Während des Prozesses erreichte das Gericht allerdings noch eine grauenvolle Information, mit der es juristisch nichts anfangen konnte, die es mir aber gleichwohl zur Kenntnis gab. Es tauchte nämlich eine Strafakte aus dem Jahr 1987 auf, wonach der mittlerweile verstorbene Opa Josefines väterlicherseits wegen Totschlages zu einer Freiheitsstrafe von sechs Jahren verurteilt worden war. Er hatte seinen unehelichen Sohn, den er mit einer sehr viel jüngeren Frau hatte, getötet, zerstückelt und im Garten vergraben, als dieser sich bei einem Treppensturz schwer verletzt

hatte. Erst zwei Jahre später war die Leiche gefunden worden. Der Opa hatte nur einen Teil der Strafe absitzen müssen und war dann auf Bewährung entlassen worden. Das erklärte, dass Josefine ihn als Kind ein paar Jahre nicht zu Gesicht bekommen hatte.

Die Akte enthielt noch einen Vermerk. Dieser Großvater war selbst der einzige Überlebende einer anderen Familientragödie: Im Alter von dreizehn Jahren, 1930, hatte sein eigener Vater, also Josefines Urgroßvater, seine Frau, die anderen Geschwister und sich selbst getötet. Der Opa war danach zeitweise von einer Tante, zeitweise von Pflegefamilien großgezogen worden.

Mord und Totschlag waren also in dieser Familie – wie bei den Atriden – nunmehr in der vierten Generation zu Haus, wobei die dritte, die von Josefines Vater, anscheinend übersprungen worden war. Und das war als Familiengeheimnis gehütet worden: Josefines Vater hatte mir in unserem langen Gespräch nichts davon erzählt. Als ich ihn telefonisch darauf ansprach, war ihm das sehr peinlich. Er versicherte mir aber, dass Josefine von diesen Vorkommnissen eigentlich nichts wissen könne: Niemand hätte ihr etwas davon erzählt. Auch der Opa mütterlicherseits nicht? Nun, der hätte zwangsläufig wohl davon gewusst, die Sache wäre damals durch alle Zeitungen gegangen, aber er hätte dieses Wissen nie dazu ausgenutzt, ihn oder seine Frau unter Druck zu setzen oder aber seine Familie im Streit als Mörderbrut zu beschimpfen.

Natürlich konnte ich nicht sicher sein, ob der Opa im Ärger über Josefine ihr nicht doch irgendwann etwas Derartiges entgegengehalten und sie das sowohl als eine Bedrohung ihrer Familie angesehen als auch für sich selbst identifikatorisch verarbeitet hat, derart, ja, die Schultes sind in der Lage, jemanden umzubringen,

wenn man sie in die Enge treibt, und ich bin eine Schulte. Aber irgendeinen Anhaltspunkt gab es für eine solche Annahme nicht, und so konnte ich sie dem Gericht auch nicht als ein denkbares Motiv vorbringen.
Im Rückblick auf den Prozess geht mir jedoch noch manches andere im Kopf herum: Der Vater war früher Chemielaborant gewesen, das Gift stammte aus seinen Beständen, ... seine junge Freundin, mit der er sich schon bald nach dem Tod der Frau zusammengetan hatte ... Vielleicht hatte der Vater Josefine mit einem harmlosen Pülverchen zum Großvater vorgeschickt und inzwischen selbst seiner Frau das Arsenik gegeben – die Butterdose blieb doch, nachdem die Mutter sich daraus bedient hatte, auf Opas Tisch stehen, wieso war dem auch dieses Mal wieder nichts passiert? Oder hatte der Vater den Tod des Opas gar mit seiner Tochter gemeinsam geplant und sie überredet, sich der versehentlichen Tötung der Mutter für schuldig zu bekennen, weil sie als Jugendliche nur eine kurze Strafe, er aber lebenslänglich riskiert hätte? Vielleicht war er ja auch mit seiner Tochter eine inzestuöse Beziehung eingegangen und sie war nach wie vor von ihm innerlich abhängig? Hatte sie nach dem Tode der Mutter nicht für eine Weile mit ihm im Ehebett geschlafen? Fürchteten beide, die Mutter könne eines Tages dahinterkommen? Rührte Josefines Faszination für den Tod nicht von dieser familiären Kontamination? Hatte das Verhängnis, das die Familie vor vier Generationen getroffen hatte, sich nun schicksalhaft vollendet? All diese völlig spekulativen Annahmen wirbelten in meinem Kopf umher, aber außer zu meiner Frau habe ich sie während des Prozesses niemandem gegenüber geäußert, denn wenn ich mich auf die Fakten besann, musste ich mir sagen, dass die Ereignisse

wohl doch so abgelaufen waren, wie Josefine sie mir erzählt hatte. Und ich war glücklich darüber, dass sie lediglich zu einer Jugendstrafe von dreieinhalb Jahren verurteilt wurde, wegen Tötung durch Unterlassen.

Das wilde Fleisch

An einem Sonntagmorgen des Juli 1995 wurde der Taxifahrer Rudi Minkat in seinem Mercedes tot aufgefunden. Sein Leichnam wies drei Einschüsse auf. Die Einwohner des kleinen schleswig-holsteinischen Städtchens, wo er wegen seiner Freundlichkeit und Hilfsbereitschaft beliebt und angesehen gewesen war, veranstalteten eine Mahnwache und verlangten strengste Verurteilung der Täter, für die ihrer Ansicht nach nur Auswärtige in Frage kamen. Vier Tage später fand das Begräbnis statt, bei dem die Witwe, in Tränen aufgelöst, von Nachbarn gestützt und getröstet werden musste.

Kurz danach tauchten aber Zeugen auf, die bemerkt hatten, dass am fraglichen Morgen zwei Frauen Herrn Minkat angehalten hatten und in seinen Wagen eingestiegen waren. Schon die Beschreibungen lenkten den Verdacht auf Minkats Ehefrau Susi und deren Freundin Helga Schmidt, deren frische Fingerabdrücke sich an den hinteren Türgriffen fanden. Außerdem stellte sich heraus, dass Herr Minkat schon seit einiger Zeit gar nicht mehr zu Hause, sondern bei einer Freundin, Frau Buttermann, genächtigt hatte. Bereits bei der ersten Vernehmung räumte Frau Minkat ein, dass sie die Täterin sei. Weshalb und wie sie es getan hatte, ließ sie durch ihren Anwalt vortragen. Ihr Mann hätte sie schon seit ihrer Verlobungszeit und dann in den über fünfundzwanzig Jahren ihrer Ehe immer wieder betrogen und gedemütigt. Aus Liebe zu ihm hätte sie das aber alles hingenommen, bis er zuletzt zu seiner Freundin gezogen sei, die nur 100 Meter von ihrem Haus entfernt wohne. So hätte sie vor dem ganzen Ort als verlassene Ehefrau dagestanden und das hätte sie nicht mehr ertragen, zumal die neue Freundin ihres Mannes noch nicht einmal eine »Junge« sei, sondern zehn Jahre älter als sie. Ihre Freundin Helga hätte ihr von der Tat abgeraten, sie aber aus Solidarität begleitet, als sie sah, dass ihr Entschluss unwiderruflich war. Frühmorgens hätten sie beide ihren Mann auf der Straße, die der auf seinem Heimweg entlangfuhr, angehalten und ihm erklärt, ihr Wagen stünde nach einer Panne auf dem nächstgelegenen Parkplatz: ob er sie bis dahin mitnehmen könne. Der hätte sie beide einsteigen lassen. Als sie auf dem Parkplatz angekommen seien, hätte sie von hinten dreimal durch den Vordersitz auf ihren Mann geschossen. Woher sie die Pistole hatte, wolle sie nicht sagen.

Auf den ersten Blick handelte es sich um einen wohl geplanten, banalen Eifersuchtsmord, mit der einzigen Besonderheit, dass zwei Frauen an ihm beteiligt waren. Trotzdem setzte der Anwalt vor Gericht eine psychiatrische Begutachtung von Frau Minkat durch.

Diese war ein kleines, graziles, adrettes, in ihrer Aufmachung, Mimik und Gestik ebenso wie in ihrer Redeweise Kleinbürgerlichkeit ausstrahlendes Persönchen, dem man seine neunundvierzig Jahre nicht ansah. Die elterliche Familie stammte aus Westpreußen, zwei

Geschwister waren, noch ganz klein, 1945 auf der Flucht erfroren. Diese schwere Zeit lag aber lange vor ihrer Geburt. Nach ihrer eigenen Erinnerung hatte sie eine glückliche Kindheit erlebt, mit sieben Geschwistern auf dem Lande, mit Gänsen, Ferkeln und Hühnern und einem großen Gemüsegarten, so dass immer genug zu essen da war. Der Vater war Bauarbeiter und sorgte für das darüber hinaus noch nötige Geld, so dass sie nichts vermisste. An elterliche Gewalt hatte sie keinerlei Erinnerungen, Schläge hätte sie nie bekommen. Zu Hause hatte die Mutter das Sagen, später, als sie älter wurde, trank der eher schweigsame Vater zwar mehr, ohne aber je dabei ausfällig zu werden. Auch sexuelle Belästigungen, durch wen auch immer, hätte es nicht gegeben. Mit den Geschwistern hätte sie sich gut verstanden, wenn sie auch meist mit den gleichaltrigen Nachbarskindern gespielt hätte. Also: eine typische bundesdeutsche Flüchtlingsfamilie aus dem Osten während der fünfziger und sechziger Wirtschaftswunderjahre.

Und zunächst ging es auch genauso geordnet weiter: Schulabschluss mit durchschnittlichen Noten nach der neunten Klasse, danach eine Lehre als Zahnarzthelferin, die sie mit achtzehn abschloss. Schon mit sechzehn lernte sie ihren späteren Mann kennen, der in der Kreistadt kellnerte. Nach drei Monaten Bekanntschaft schlief sie mit ihm – zum ersten Mal überhaupt mit einem Mann. Sie hätte sich auf den ersten Blick in ihn verliebt: das dunkle Haar, die braunen Augen, er war ganz der Typ, den sie mochte. Zudem schenkte er ihr Blumen und schrieb Liebesbriefe, was damals, wie sie sagte, in ihrem Bekanntenkreis völlig ungewöhnlich gewesen sei.

Auf meine Frage, ob sie denn vorher nie verliebt gewesen sei, erzählt sie, kurz bevor sie ihren Mann kennen lernte, hätte sie schon einen Freund gehabt, ohne jedoch mit ihm geschlafen zu haben, es sei beim Petting, »wie man das heute nennt«, geblieben. Es hätte sich nämlich bald herausgestellt, dass dessen langjährige Freundin von ihm schwanger war, so dass er sich von ihr getrennt und jene geheiratet hätte. Danach hätte sie gedacht, sie nähme nun überhaupt keinen mehr, bis ihr zukünftiger Mann in ihr Leben getreten sei. Dieser erste Freund sei auf ihren Mann sehr eifersüchtig geworden: Als er erfuhr, dass sie nun mit dem Rudi zusammen sei, hätte er sich mit ihm deswegen prügeln wollen. Rudi, ihr späterer Mann, hätte aber daraufhin nur spöttisch zu seinem Nebenbuhler gesagt: »Du hast es bei ihr ja nicht einmal geschafft, ihr die Unschuld zu nehmen!«

Frau Minkat erzählte mir diese Episode mit einem gewissen Stolz darauf, dass zwei Männer ihr gleichzeitig den Hof gemacht hatten und sich um sie sogar schlagen wollten und dass sie den attraktiveren von beiden abbekommen hatte. Das passte nicht ganz in das züchtige Frauchenbild, das ich bis dahin, vor allem aus der Stellungnahme ihres Anwaltes und ihrem heutigen Aussehen, von ihr gewonnen hatte. Durch die Fugen ihrer Geschichte schimmerte vielmehr ein Schuss heftiger Leidenschaftlichkeit durch. Ich ließ es dabei bewenden und sie setzte die Erzählung ihrer Ehegeschichte weiter fort.

Heraus kam dabei, dass ihr Mann sie schon während ihrer Verlobungszeit, als sie bereits von ihm schwanger war, betrogen haben musste, denn kurz nach der Geburt ihrer gemeinsamen Tochter lag plötzlich ein Brief des Jugendamtes auf dem Tisch mit Unterhaltsforderungen für einen Sohn, den eine andere Frau ungefähr um die gleiche Zeit zur Welt gebracht hatte. Ein Ausrutscher, sagte ihr Mann, und sie verzieh ihm »aus Liebe«.

Gleichwohl hätte sie sich während der ersten Ehejahre allein und nicht wirklich verheiratet gefühlt: Ihr Mann hätte die meiste Zeit nicht mit ihr, sondern mit Freunden Hasch rauchend und wer weiß was sonst noch treibend draußen am Fluss verbracht. Er sei damals ein richtiger Hippie gewesen, eine Lebensform, die ihr völlig fremd war.
Beiläufig erfuhr ich von Frau Minkat aber, dass sie selbst in dieser Zeit anderthalb Jahre als Animierdame in einer Bar tätig gewesen war, zusammen mit ihrer Freundin Helga Schmidt, die ihr diese Stelle vermittelt hatte, und in vollem Einverständnis mit ihrem Mann. Sie zierte sich zunächst etwas, mir diese Arbeit im Detail zu beschreiben, räumte dann jedoch ein, dass mit den Kunden schmusen und küssen schon dazugehörte. Ich gewann den Eindruck, dass es sich doch um ein kleines Bordell gehandelt hatte, bei dem den Frauen allenfalls die Wahl blieb, mit dem einen oder anderen Gast mal nicht mitzugehen. Ich fragte nach: Nein, eifersüchtig sei ihr Mann wegen dieser Arbeit nie gewesen. Auch diese Episode passte nicht ganz in ihren sonst so betont respektablen Lebenslauf.
In der Folge schilderte mir Frau Minkat in allen Einzelheiten die Seitensprünge ihres Mannes und was sie dabei empfunden hatte. In der anwaltlichen Stellungnahme waren sie zwar zusammenfassend dargestellt worden, aber sie waren dort abstrakt und allgemein geblieben. Nun erfuhr ich, wie eine Nachbarin ihr erzählt hatte: »Während du arbeitest, amüsiert sich dein Mann mit einer Elke in der Disko!«, wie sie dahin gelaufen war und ihn tatsächlich mit dieser Frau herumknutschen sah; wie sie ihn beim Schützenfest mit der Frau eines Kollegen hinterm Zelt beim Geschlechtsverkehr ertappte. Die Erniedrigung, die sie dabei emp-

fand, wurde für mich bei der Vergegenwärtigung solcher Szenen, spürbar, eine Erniedrigung, die sie jedes Mal hinunterschluckte, wenn sie ihm wieder einmal verzieh. Danach, sagte sie, hätte er seine Seitensprünge auf die dreijährlichen Kuraufenthalte verlagert, zwischendurch hätte sie mehr oder weniger Ruhe gehabt. Dafür aber wusste sie ganz genau, wenn er zur Kur fährt, geht es wieder los. Bei seiner Rückkehr fand sie zumeist kompromittierende Briefchen oder Telefonnummern in seinen Taschen, denn er machte sich noch nicht einmal die Mühe, diese zu vernichten. Sprach sie ihn darauf an, schwor er jedes Mal, dass er nur sie liebe, brachte ihr Blumen und Geschenke mit, so dass sie ihm immer wieder nachgab. Auch wenn sie sich einmal vornahm, eine Weile nicht mit ihm zu schlafen, hätte er sie schnell wieder rumgekriegt, sie hätte ihm einfach nicht widerstehen können. Er hätte gesagt, er bräuchte einfach von Zeit zu Zeit eine andere Frau, und sie hätte ihm das schließlich sogar zugebilligt, unter der Bedingung, dass er mit diesen Frauen keine ganzen Nächte verbringe.

Zur einzigen länger dauernden Verstimmung sei es gekommen, als sie herausfand, dass er während einer mehrwöchigen Montage in einer 500 Kilometer entfernten Großstadt bei einer Frau richtig eingezogen war: Da hätte sie sich sogar scheiden lassen wollen. Aber wieder hätte er es nach einiger Zeit fertig gebracht, sie zurückzugewinnen.

Dieses Hin und Her hatte offenbar zu ihrem Ehealltag gehört, vielleicht hatte es sogar geholfen, die sexuelle Spannung zwischen ihnen aufrechtzuerhalten. Aber die Demütigungen, die für sie damit einhergingen, hatten sich in den drei Jahrzehnten auch immer mehr angehäuft, die Demütigung, dass ihr Mann andere

Frauen attraktiver fand als sie, und die Demütigung, die in ihrer sexuellen Hörigkeit ihm gegenüber bestand: dass sie sich ihm, auch wenn sie es sich fest vorgenommen hatte, nicht verweigern konnte. Erst als er schließlich nur wenige Häuser von dem ihren entfernt bei seiner neuesten Freundin einzog, die auch noch zehn Jahre älter als sie war, machte Frau Minkat ihren ersten – und einzigen – Ausbruchsversuch. Sie suchte über Zeitungsanzeigen Kontakte, schlief probeweise mit den so kennen gelernten Männern und ließ sich mit einem von ihnen, mit dem sie gefühlsmäßig und sexuell harmonierte, auch auf eine mehrmonatige Beziehung ein. Diese Beziehung brach sie aber ab, als ihr Mann ihr in Aussicht stellte, wieder zu ihr zurückzukehren. Mir sagte sie, dass sie für diesen Freund so intensive Liebesgefühle wie für ihren Mann niemals hätte empfinden können. Der kam tatsächlich zu ihr zurück, sie schlief wieder mit ihm, aber schon nach ein paar Tagen verschwand er unter dem Vorwand, er wolle nur den Hund für fünf Minuten spazieren führen, zu Frau Buttermann, seiner Freundin.

Sie war verzweifelt, flehte ihn an, mit seiner Geliebten wenigstens an einen anderen Ort zu ziehen, damit sie unterwegs zur Arbeit nicht jedes Mal sein Auto auf ihrem Hof stehen sehen und so ständig an ihre Demütigung denken müsste. Er wäre dazu bereit gewesen, sagte sie, Frau Buttermann aber, die ihr Häuschen gerade abbezahlt hatte, wollte dieses nicht aufgeben. Noch ein letztes Mal zog er nach einem Streit mit Frau Buttermann wieder zu Hause ein, aber auch diesmal dauerte das wieder gefundene Eheglück nur wenige Tage, dann war er wieder bei seiner Freundin. Als sie die beiden kurze Zeit später auf dem Schützenfest beieinander sitzen sah und sich wutentbrannt auf ihn stürzte, ihn hochriss und schrie: »Jetzt kommst du mit«, da hätte die Buttermann ihre Hand ergriffen und sie in den Finger gebissen. Ihr Mann hätte sie zwar verbunden, sei danach aber gleich gegangen.

Trotz dieser Kränkungen beanspruchte Frau Minkat, wenn schwere körperliche Arbeiten an ihrem Haus anstanden, weiterhin die Hilfe ihres Mannes. Bei einer solchen Gelegenheit schlief er noch einmal mit ihr, war danach allerdings, ganz anders als sonst, gereizt und unleidlich und erklärte, sie solle ihn endlich in Ruhe lassen, sie ekele ihn an. Seit diesem Augenblick hätte allein der Gedanke an seine Existenz ihr einen immer unerträglicheren Schmerz bereitet, und einige Zeit später hätte sie angefangen zu überlegen, wie sie ihn umbringen könne: Sie hätte gewusst, das sei das einzige Mittel, um diesen Schmerz zum Schweigen zu bringen. Sie hätte sich eine Pistole besorgt und sich ihrer Freundin Helga anvertraut. Diese hätte ihr abgeraten, gleichwohl im Falle des Falles ihre Begleitung angeboten. Sie hätte dann den Plan gemacht, ihren Mann auf dessen morgendlichem Heimweg anzuhalten, sich von ihm mitnehmen zu lassen und ihn dabei zu erschießen. Zuerst sei das nur so ein Einfall gewesen, aber der habe sich immer mehr in ihren Kopf eingefressen. Schließlich habe sie sich einen Termin gesetzt. In der Nacht davor hätte sie Gott gebeten, ihr die Entscheidung abzunehmen. Sie sei daraufhin ruhig eingeschlafen und hätte sich am nächsten Morgen viel besser gefühlt, was sie veranlasst hätte, die Sache abzublasen. Helga sei darüber richtig glücklich gewesen. Aber schon nach wenigen Stunden hätte der Schmerz wieder zu bohren begonnen, und nach ein paar Tagen hätte sie die Sache dann doch noch, von Helga begleitet, durchgezogen. Eine solche Erleichterung wie nach der

Abgabe der Schüsse hätte sie niemals empfunden: Der Schmerz wäre wie weggewischt gewesen und in ihr Herz seien wieder Ruhe und Frieden eingekehrt. Natürlich hätte sie gehofft, unerkannt zu bleiben und nun ein neues Leben anfangen zu können. Aber als dann die Polizei kam, hätte ihr das so viel auch nicht mehr ausgemacht. Die Hauptsache sei für sie, dass mit ihrem Mann auch der Schmerz aufgehört habe zu existieren.

Inzwischen hatte der Anwalt ihrer Mitangeklagten Helga Schmidt die Begutachtung auch seiner Mandantin beantragt, und um den bereits terminierten Prozessbeginn nicht zu verzögern, wurde ich auch mit deren Untersuchung beauftragt. Und zu meinem Erstaunen hatte ich da eine Frau vor mir, die ich mir niemals als Frau Minkats Freundin hätte vorstellen können.

Helga Schmidt war, das sah man ihrer Haut, ihren Augen und ihren zitternden Händen auf den ersten Blick an, Alkoholikerin, und kaum hatte sie den Mund aufgemacht, wurde deutlich, dass sie aus einer sozial randständigen Familie kam. Ausdrücke wie »Drecksau«, »Hure«, »Schlampe« gehörten zu ihrem Repertoire, ebenso Redewendungen wie »Der ist wieder einmal eine treten gegangen wie ein Hahn die Hennen«.

Die Eltern waren nichtsesshafte Wandersleute gewesen, aber ohne, wie Roma oder Sinti, über einen Sippen- oder Stammesrückhalt zu verfügen. Zu Hause wurde gesoffen und geprügelt, von manchen Geschwistern wusste sie nicht zu sagen, wer deren leiblicher Vater war. Mit vierzehn wurde sie von Bundeswehrsoldaten vergewaltigt, mit siebzehn von einer Zufallsbekanntschaft schwanger, mit der die Eltern sie, unter Androhung von Prügel, in eine erste Ehe zwangen. Wie ihr Vater soff und schlug auch dieser Mann, nach zwei Jahren lief sie ihm weg, nachdem sie ihre inzwischen zwei Kinder bei der Oma untergebracht hatte. Da sie Geld brauchte, fing sie an, als Animierdame und Tänzerin in einer Rotlichtbar zu arbeiten. Dort lernte sie gleich Horst, ihren zweiten Mann, kennen, der als Zuhälter der Mädchen fungierte und sie nach kurzer Zeit schon zur Prostitution überredete. Horst war ein alter Freund von Herrn Minkat, so lernten sich auch die beiden Frauen kennen und freundeten sich rasch miteinander an. Bald war auch Frau Minkat in der gleichen Bar tätig, wobei Frau Schmidt als die in diesem Milieu Erfahrenere ihre brave Freundin etwas unter ihre Fittiche nahm.

Helga Schmidts zweite Ehe stand jedoch unter einem noch schlechteren Stern als die erste. Horst, zu dem Helga zunächst, anders als zu ihrem ersten Mann, eine gewisse Zuneigung empfunden hatte, überredete sie nicht nur zur Prostitution, er erwies sich auch als äußerst gewalttätig. Zudem trank er übermäßig, und wenn sie morgens von der Arbeit heimkam, fand sie ihn nicht selten mit anderen Frauen im Ehebett vor. Erst nach vielen Jahren fand sie die Kraft, sich von ihm scheiden zu lassen. Aber er weigerte sich, aus der gemeinsamen Wohnung auszuziehen, und sie musste ihm über Jahre weiterhin Geld abliefern, was sie aus Angst vor seiner mittlerweile stadtbekannten Gewalttätigkeit auch noch tat, als die hier geschilderten Ereignisse stattfanden.

Zu Frau Minkat, die ja nur anderthalb Jahre in der Bar tätig gewesen war, verlor sie zunächst den Kontakt. Erst kurz vor deren Silberhochzeit, also etwa 1990, begegneten die beiden Frauen sich wieder. Diesmal nahm Frau Minkat sich ihrer Freundin an und führte sie in ihren Lebenskreis ein. Beide fanden sich im Kummer und wohl auch in der Wut über die lebenslange Untreue ihrer Männer: Die war, das erkannten sie jetzt, zu ihrem gemeinsamen

Schicksal geworden. Zu zweit fühlten sie sich ihren Männern gegenüber stärker als allein. Während aber Frau Schmidt sich nicht traute, etwas gegen ihren Mann zu unternehmen, schritt Frau Minkat schließlich zur Tat, wobei die Wut und Erbitterung ihrer Freundin wohl bis zu einem gewissen Maße in ihre eigene mit eingeflossen war. Ohne diese Verstärkung ihrer eigenen mörderischen Antriebe, aber auch ohne den moralischen Beistand ihrer Freundin hätte Frau Minkat ihren Plan vielleicht nie in die Tat umgesetzt. Vielleicht hatte auch eine Rolle gespielt, dass Frau Schmidt einem ganz anderen Milieu entstammte als sie selbst, einem Milieu, in dem Recht und Gesetz nicht viel gilt und in dem man sich notfalls mit Gewalt durchsetzen muss. Diese Welt, ihre Verfahrensweisen und Grundsätze, die ihre Freundin repräsentierte, hatte Frau Minkat, so schien mir, sich in deren Person zu Hilfe geholt. Zudem war diese Welt auch ein inzwischen beiseite gelegtes Stück ihrer eigenen Vergangenheit.

Die forensische Bewertung von Frau Schmidts Schuldfähigkeit stellte mich vor keine besonders schwierigen Probleme. Sie war alkohol- und tablettenabhängig, sie hatte in der Nacht vor der Tat reichlich getrunken und dazu noch Valium genommen, so dass eine erhebliche Verminderung ihrer Steuerungsfähigkeit auch noch am nächsten Morgen zumindest nicht ausgeschlossen werden konnte.

Frau Minkat war zum Tatzeitpunkt nicht alkoholisiert. Die verhältnismäßig kleine Valiummenge, die sie eingenommen hatte, war ohne Auswirkung auf ihre kognitiven Fähigkeiten, auf ihre Übersicht und ihre Überlegungen geblieben, allenfalls hatte sie eine mäßige Affektneutralisierung bewirkt, so dass sie sich bei dem, was sie tat, eher kühl und innerlich wenig beteiligt erlebte, also weniger Angst oder Wut dabei spürte. Gleichwohl hielt ich ihr wie Puchlins in der ersten Kurzgeschichte eine »tiefgreifende Bewusstseinsstörung ohne hochgradigen Affekt« zugute. Die Beziehung zu ihrem Mann war seit Jahrzehnten ihre einzige Lebensgrundlage gewesen, um sie aufrechtzuerhalten, hatte sie Kränkungen und Erniedrigungen auf sich genommen. Als sie endgültig und unwiderruflich zerbrach, in dem Augenblick, in dem er nach dem letzten Geschlechtsverkehr die Äußerung fallen ließ, sie ekele ihn an, hatte sie nicht nur jeglichen Halt verloren, vielmehr war er, der bis dahin immer noch ein lebendiger Teil ihrer selbst gewesen war, nun mitten in ihr zu einem Fremdkörper geworden, zu einem nur noch Schmerz verursachenden wilden

Fleisch, das sie so schnell wie möglich loswerden musste. Alle bisherigen Lebensregeln hatten für sie ihre Gültigkeit verloren, der Kompass, der ihren Handlungsweisen bisher die Richtung gegeben hatte, existierte nicht mehr. So konnte ich dem Gericht glaubhaft machen, dass ihre Steuerungsfähigkeit erheblich vermindert gewesen war. Statt einer lebenslänglichen Strafe erhielt sie zehn Jahre, und ihre Freundin Helga wegen Beihilfe fünf.

Alle Prozessbeteiligten, einschließlich der beiden Angeklagten, empfanden dieses Urteil als schuldangemessen und gerecht. Die Anwälte, aber auch die Richter bedankten sich bei mir, dass ich ihnen die psychologischen Hintergründe dieser Tat so schlüssig erklärt hatte. Ich aber begriff erst in den Wochen danach richtig, was in Frau Minkat tatsächlich abgelaufen war: dass in ihrer kleinbürgerlichen Seele spätestens seit ihrer Pubertät auch Wünsche nach Grenzüberschreitungen, nach einem wilderen Leben geschlummert hatten und dass sie ihnen, zumindest bei ihrer Arbeit im Rotlichtmilieu, auch schon einmal nachgegeben hatte.

Nicht nur ihre Freundin Helga, auch ihr sexuell ausschweifender Mann gehörten in diese Welt, die gleichzeitig ein Stück ihrer eigenen Wunschwelt war, einer Wunschwelt, die sie nach ihrer Rotlichtepisode unterdrückt und mit Verboten belegt hatte. Und in dieser Welt war ja auch, in Gestalt von Helgas Mann, Gewalt zu Hause gewesen. Insofern hatte der Mord in ihr innere Vorläufer gehabt, kleine Vettern und Cousinen der letzten, nicht mehr reparablen Regel- und Grenzüberschreitung. Das machte es leichter zu begreifen, dass ein Mensch wie sie sich schließlich zum Töten entschlossen hatte.

Ihre mikroskopisch genaue Schilderung, wie ihr Mann für sie zu einem schmerzenden wilden Fleisch ihrer selbst geworden war, das sie innerlich zu vernichten drohte, machte mir klar, wie Menschen zu der Meinung kommen, selbst nur weiterleben zu können, wenn ein anderer beseitigt ist. Mord bei Ehrverletzungen, bei tödlichen Kränkungen durch jemanden, den man liebt, beruht oft auf einem solchen Drang, mit dem Verursacher der Kränkung auch den eigenen Schmerz radikal wie ein Krebsgeschwür herauszuschneiden. Sie sind dann, wie Frau Minkat, für kurze Zeit erleichtert. Aber selbst wenn man den Schmerzverursacher physisch beseitigt hat, die Erinnerung an ihn und was einem von ihm angetan worden ist, werden einen weiter verfolgen. Ein solcher Schmerz kann nur von innen her überwunden werden und das kann länger als zehn Jahre dauern.

Kalkuliertes Risiko

An einem kalten Januarmorgen des Jahres 1982 hatte der Wachmann Winkelhuber, der das Gelände der Militärakademie in S. bewachte, sich nach Dienstschluss nicht wie sonst abgemeldet. Seine Kollegen, die ihn vermissten, machten sich deshalb auf die Suche nach ihm. Eine Stunde später fanden sie seine Leiche im Hörsaalgebäude. Sie wies über zwölf Messerstichwunden im Brust-, Bauch- und Rückenbereich auf, zudem war seine Kehle mit einem Messerschnitt durchtrennt worden. Die Dienstpistole des Wachmanns fehlte. In der Tür des Dienstzimmers eines Prüfers, Prof. Rothe, fanden sich jedoch Einschüsse, die aus dieser Dienstpistole abgefeuert worden sein mussten, wie sich wenig später herausstellte, als die Waffe in einem nahe gelegenen Waldstück gefunden wurde. Die Polizei schloss daraus, dass der Mord und der Einbruchsversuch in das Zimmer von Prof. Rothe von einem Studenten begangen worden waren, der an die dort verwahrten Klausurarbeiten heranwollte, da sich sonst keinerlei Wertgegenstände in diesem Raum befanden. Der Verdacht fiel auf den Oberfähnrich Josef Kältlich, der in den letzten Tagen mehrfach den vergeblichen Versuch unternommen hatte, vorzeitig sein Ergebnis zu erfahren, und kurz vor der Tat den Hochschullehrer dazu sogar in seiner Privatwohnung aufgesucht hatte. An seinen Händen wurden Schmauchspuren festgestellt, ohne dass er zu der Zeit irgendwelche Schießübungen zu absolvieren gehabt hätte. Zudem fanden sich auf der Toilette des Hörsaalgebäudes Papiertaschentücher mit Blutflecken, die zu seiner Blutgruppe passten.

Während der gesamten Ermittlungen und während der Hauptverhandlung bestritt Kältlich jedoch seine Täterschaft, so dass ein reiner Indizienprozess geführt werden musste. Zu den Indizien gehörte auch, dass der Karateanzug, den er am Tattag und in den Tagen davor nachweislich getragen hatte, verschwunden blieb. Das Gericht nahm an, dass der Täter ihn wegen der Blutspuren vernichtet oder irgendwo vergraben hatte. Auffällig war auch, dass Kältlich am Hauptbahnhof ein Schließfach für drei Tage angemietet hatte, in welchem sich nichts befand: Das Gericht vermutete, es hätte zur Aufbewahrung der Klausurarbeiten dienen sollen, die er vergeblich zu entwenden versucht hatte. Schließlich wiesen die Verletzungen des Wachmannes deutliche Ähnlichkeiten zu der Schilderung der Tötung eines gegnerischen Postens auf, wie sie in dem Buch »Messerkampf« zu finden ist, das im Zimmer von Kältlich sichergestellt wurde. An der Zimmertür des Professors fand sich ferner die Firmenplakette eines amerikanischen Survival-Messers, das zusammen mit der Waffe im nahe gelegenen Waldstück gefunden worden war. Das Messer war in Deutschland nur zweimal verkauft worden, eines nachweislich an Kältlich. Entscheidend für das Gericht waren aber zwei weitere Tatortspuren: ein Fingerabdruck Kältlichs am Klappfenster der Toilette, durch das er, wie man vermutete, ein- und ausgestiegen war, und nicht weit entfernt davon Anhaftungen von Opferblut. Aber auch unter dem Druck dieser Indizien blieb Kältlich dabei, am Tode des Wachmannes unschuldig zu sein. Die Schmauchspuren an seiner rechten Hand und die Anmietung des Schließfaches erklärte er mit seiner Mitgliedschaft in einer geheimen »Gruppe« von aktiven Soldaten, mit denen er nachts Schießübungen abgehalten hätte und von denen ihm befohlen worden sei, das Schließfach zu ihrer Verfügung zu halten. Da er das nicht belegen konnte und niemand in seiner Umgebung von einer solchen Gruppe wusste, wertete das Gericht diese Aussagen als Schutzbehauptung.

Kältlich wurde in dem Prozess von zwei renommierten Universitätspsychiatern begutachtet. Beide stellten bei ihm charakterliche Auffälligkeiten fest. Während einer von ihnen, Professor X., bei ihm eine »schizoide Persönlichkeitsstörung« diagnostizierte, die in juristischer Terminologie zwar als »schwere andere seelische Abartigkeit« zu klassifizieren wäre, jedoch im Tatmoment zu keiner erheblich verminderten Schuldfähigkeit geführt habe, wollte der andere, Prof. Z., eine solche erhebliche Verminderung nicht ausschließen, weil er die charakterlichen Auffälligkeiten Kältlichs nicht einer schizoiden Persönlichkeit, sondern einer erheblich schwerwiegenderen und psychosenäheren »schizotypischen« Störung zuordnete. Trotz dieses diagnostischen Dissenses unterschieden sich aber die von den Gutachtern hervorgehobenen auffälligen Persönlichkeitsmerkmale Kältlichs nur unwesentlich voneinander. Zu ihnen gehörte ein leichter Waschzwang, eine Kontaktscheu, insbesondere, aber nicht allein gegenüber dem weiblichen Geschlecht, eine Faszination für Waffen, Militär- und Kriegsgeschichte sowie eine totale Identifikation mit soldatischen Tugenden wie Disziplin, Härte, Gehorsam und die Hintanstellung moralischer Hemmungen, wenn es um die Sache geht, der man sich verschrieben hat. Auf beide Gutachter wirkte Kältlich spröde, verschlossen, kühl, starr und emotionsarm, nur ab und an, z. B. wenn er von seiner Mutter sprach, zeigte er überhaupt Gemütsbewegungen. Das Gericht schloss sich der Auffassung von Prof. X. an, erklärte ihn für strafrechtlich voll verantwortlich und verurteilte ihn wegen Mordes zu einer lebenslänglichen Freiheitsstrafe.

Ich bekam ihn zehn Jahre nach der Tat zu Gesicht: als sein Anwalt klären lassen wollte, ob Herrn Kältlich, der während der ganzen Zeit ein ruhiger, korrekter und höflicher Häftling gewesen war, nunmehr Hafterleichterungen wie Ausgänge, Urlaub und schließlich auch Freigang gewährt werden könnten.

Als mir Kältlich im Aufenthaltsraum der Haftanstalt für Langzeitgefangene entgegentrat, fuhr mir durch den Kopf: Er macht seinem Namen alle Ehre. Empfand ich es so, weil ich die Akten und beide Gutachten kannte?

Mittlerweile war er zweiunddreißig Jahre alt geworden, er sah aus wie ein gealterter Jüngling, nicht so sehr wie ein erwachsener Mann; alles an seiner Erscheinung, seine Gesichtszüge, seine Hände, seine Gliedmaßen und sein Rumpf, wirkte unharmonisch, so als hätte sein Schöpfer mehrfach versehentlich in die falsche Bausteinkiste gegriffen, als er ihn zusammensetzte. Auch Mimik und Gestik waren ungraziös, und wenn er sich bewegte, geschah dies abrupt und ruckartig. Seine Erscheinung war ohne Zweifel wenig einnehmend und ich versuchte mich dadurch nicht beeinflussen zu lassen. Er begrüßte mich höflich und an zwei aufeinander folgenden Tagen hörte ich mir im Besuchszimmer seine Geschichte an, oder zumindest das, was in den letzten zehn Jahren in seinem Kopf aus ihr geworden war und was er mir nun in einem etwas schnarrenden Kasinoton vortrug.

Er entstammte, das wusste ich schon, einer Flüchtlingsfamilie aus Schlesien. Der Vater hatte als leitender Angestellter bei mehreren großen Konzernen Karriere gemacht und war so zu beträchtlichem Wohlstand gelangt, die Mutter war Hausfrau geblieben. Die Eltern, mit denen ich einige Wochen später auch sprach, waren sehr kultivierte und warmherzige Menschen, denen die Familie über alles ging und die ihren Sohn, den sie weiterhin für unschuldig hielten, regelmäßig besuchten. Als Kind, berichtete dieser, hätte es schon mal Schläge bei kleinen Dummheiten gegeben, später dann Stubenarrest. Als er einmal an den Geldbeutel des Vaters gegangen sei, hätte er sich eine Ohrfeige eingefangen, aber als er etwas älter wurde, sei der Vater nach größeren Vergehen mit ihm spazieren gegangen und hätte ihm klar zu machen versucht, warum man dies und das nicht macht. Auch mit Streicheln und Küsschen seien die Eltern nicht geizig gewesen, er selbst hätte das aber nie besonders gemocht. Ich fragte ihn, ob er Dummheiten hätte begehen müssen, um etwas mehr Zeit und Zuwendung vom viel beschäftigten Vater zu ergattern, aber Kältlich wies dies empört zurück. Zumeist habe er sich an die häuslichen Regeln gehalten, Disziplin sei ihm schon früh zu einer Selbstverständlichkeit geworden, die Strafen hätte er akzeptiert und die Eltern als gerecht empfunden.

Auch mit seinen beiden Brüdern, berichtete er, hätte er sich gut verstanden. Er war der Älteste. Alle drei, der zwei Jahre jüngere Dirk und der acht Jahre jüngere Georg, seien ebenso wie er selbst außergewöhnlich gute Schüler gewesen: Dirk sei allerdings immer völlig mühelos Klassenbester geworden, während er sich dazu schon anstrengen musste. Auch bei den Mädchen hätte Dirk viel Erfolg gehabt, während er sich selbst an Frauen nicht herangetraut hätte. Schließlich hätte er sich gesagt, dass seine Qualitäten woanders lägen, nämlich in seinen intellektuellen Fähigkeiten. Kältlich äußerte dies mit einem leichten Trotz, irgendwie klang durch, wenn die Frauen so dumm seien, ihn links liegen zu lassen, seien sie selbst schuld. Als ich etwas intensiver in ihn drang, gab er zu, dass seine Scheu vor Frauen wohl auf seiner Angst beruhe, sich zu blamieren. Weder wolle er riskieren, in aller Öffentlichkeit zurückgewiesen zu werden, noch im Bett zu versagen, deshalb ginge er auch nicht ins Bordell. Durch den einstweiligen Verzicht auf Frauenbeziehungen, so war mein Eindruck, hatte er sich gleichzeitig jedoch auch den Traum erhalten, dass dann, wenn er es wirklich wollte, doch alles klappte: vom Kennenlernen an bis zu einer befriedigenden intimen Beziehung.

Inzwischen half er sich durch Selbstbefriedigung. Aus den Akten wusste ich, dass seinerzeit bei der Durchsuchung seines Zimmers sadistische Pornobilder zutage gefördert worden waren. Bei der Erhebung seiner Sexualanamnese war Kältlich darauf von selbst nicht zu sprechen gekommen. Auf meine Fragen räumte er aber freimütig ein, dass er diese Bilder als Onaniervorlage benötige, allerdings nur als Ausgangspunkt einer Fantasie, bei der er auf eine gefesselte und gefolterte junge Frau treffe und diese dann befreie. Irgendwann während dieser Befreiungsaktion komme es dann zum Samenerguss, die Vorstellung eines Geschlechtsverkehrs bräuchte er dazu gar nicht, die mache ihn auch gar nicht an. Ohne solche Fesselungs- und Folterbilder, als Fotos oder als Fantasien, könne er sich allerdings auch nicht befriedigen.

Mir fiel ein, dass ich mit zwölf oder dreizehn Jahren davon geträumt hatte, Mädchen, die ich verehrte – damals waren es zumeist Freundinnen meiner älteren Schwester –, aus einer Gefahr, einem Brand oder einer Überschwemmung, zu retten oder dass ich einer von ihnen, die stark kurzsichtig war, die Hornhaut eines meiner Augen spendete, und dass ich bei solchen Vorstellungen einen leisen Kitzel verspürt hatte, wenn ich mir vorstellte, dass sie mich danach dankbar küssten. War es bei Kältlich ähnlich? Aber dann kamen mir Zweifel, ob er mir überhaupt die Wahrheit gesagt hatte, ob seine sexuelle Befriedigung wirklich an die Vorstellung der Befreiung der Frauen oder doch an die ihrer Fesselung und Folterung gebunden war. Diese letztere Annahme schien mir besser zu seiner Person zu passen.

Die Faszination durch Militärisches, durch Schlachten und Krieg hatte sein Leben von Kindesbeinen an bestimmt. Mit fünf Jahren begann er mit Zinnsoldaten zu spielen, ein Großvater besaß eine Sammlung von Büchern zur Militär- und Kriegsgeschichte, daraus stellte er später Szenen nach. Bald hätte er sich für nichts anderes mehr interessiert und schon sehr früh sei ihm klar gewesen, dass er Berufsoffizier werden wolle. Die zentrale soldatische Tugend sei für ihn die Treue, deshalb habe er auch die Waffen-SS bewundert. Ihm imponierte auch deren Status als Elite – und ihre damit verbundene Macht. Er war immer sehr ehrgeizig gewesen, sich und seine Familie rechnete er einer geistigen Elite zu, der er das Recht zusprach, andere, weniger wertvolle Menschen zu opfern, wenn es einem vertretbaren Ziel diene. Wenn es zweckmäßig sei, dürften die Angehörigen einer solchen Elite wie der SS sich über Moral und Gesetz auch hinwegsetzen, so habe er damals jedenfalls gedacht. Völlig unvermittelt fügte Kältlich hinzu: Ich glaube, jetzt ist es an der Zeit, ich sage Ihnen, dass der Anklagevorwurf stimmt. Und er präsentierte mir seine Version des Tatherganges.

Die unterschied sich nur in einem wesentlichen Punkt von derjenigen des Gerichts: Kältlich bestand darauf, die Tötung des Wachmannes sei nicht geplant gewesen: Er hätte diesen nur bewusstlos machen und ihm dann die Schlüssel zu dem Professorenraum abnehmen wollen, in dem die Examensklausuren lagerten. Dazu hätte er einen Stein in ein Taschentuch gewickelt, den er dem Wachmann an den Kopf warf. Der sei aber nur an der Schulter getroffen worden und hätte sich gleich auf ihn gestürzt. So wäre ihm »nichts anderes übrig geblieben«, als sich mit dem Messer zu »verteidigen«. Als der Wachmann dann blutüberströmt vor ihm auf dem Boden lag, hätte er sich gesagt, wenn man eine Sache beginne, müsse man sie auch zu Ende bringen. Deshalb – und nicht um eine Wiedererkennung durch den Wachmann zu verhindern – hätte er ihm die Kehle durchgeschnitten. In Panik sei er erst geraten, als er mit den abgenommenen Schlüsseln das Professorenzimmer nicht aufbekam. Er habe sich aber an Krimiszenen erinnert, in denen Türen aufgeschossen wurden, und also in das Schloss geballert, jedoch auch dies ohne Erfolg. Danach habe er aufgegeben, sich in Sicherheit gebracht und sich die Geschichte von der geheimen Gruppe zurechtgelegt, für den Fall, dass die Polizei ihn befragen würde. Heute sehe er ein, dass das Ganze ein Wahnsinnsunternehmen gewesen sei und er viele unverzeihliche Fehler gemacht hätte, vor allem durch den »beknackten« Besuch bei dem Professor wenige Tage vor der Tat.

Schlecht geschlafen, betonte Kältlich, hätte er wegen der Tötung des Wachmannes aber nie. Auch bei der Planung seien moralische Bedenken nicht einmal ansatzweise vorhanden gewesen. Die Bedenken hätten sich auf ein mögliches Scheitern bezogen, nicht auf die Sache selbst. Er hätte sich als Elite empfunden und sich auch das Recht zugesprochen, sich so zu verhalten, wie er es getan hatte: »Zur Not muss man so etwas probieren«. Man könne von einem angehenden Offizier erwarten, dass er sich in Extremsituationen bewähre und losgelöst von moralischen Aspekten handle. Auch sein Vorbild, die Waffen-SS, hätte »das Kunststück fertig gebracht, soldatische Tugenden zu vertreten ohne Berücksichtigung moralischer Aspekte«. Auf meine Frage, ob er auch einen Soldaten überfallen und getötet hätte, wenn der die Schlüssel zum Professorenzimmer in Verwahrung gehabt hätte, erwiderte er empört, einen Kameraden hätte er nie angegriffen, damit hätte er sich selbst ad absurdum geführt. »Die Idee war, da schnapp ich mir einen dämlichen Zivilisten«. Er hätte so der Gefahr entgehen wollen, zur Truppe zurückversetzt zu werden. Außerdem habe er nicht »als Null dastehen wollen« bei seinem dritten Versuch, »diese verdammten Mathematikklausuren zu bestehen«.

Solche flapsigen Redeweisen zogen sich durch alle seine Antworten. Zwar sagte Kältlich mir, dass er sich nach der Tat manchmal schon Gedanken darüber gemacht hätte, ob es recht gewesen sei, einen Familienvater zu töten, aber das sei eine rein intellektuelle Überlegung gewesen. Ein schlechtes Gewissen hätte er deshalb nicht gehabt, allenfalls sei es so gewesen, als wenn er jemand im Suff totgefahren hätte. Das Gefühl, etwas verpfuscht zu haben, sei inzwischen aber auch abgeklungen, »eher tut man das als Jugendsünde ab, so als wenn man als Aussteiger nach Thailand gegangen wäre«.

Ich fragte Kältlich daraufhin, was ihn in der Zukunft, wenn er eines Tages freikäme, davon abhalten werde, wieder jemanden anzugreifen oder gar zu töten, wenn das seinen Vorhaben dienlich sein könne. Er sagte, er müsse »ins Kalkül ziehen«, dass er über keinerlei moralische Gefühle verfüge. Mit einem solchen Defekt müsse er eben leben. Auch der Knast trüge nicht dazu bei, die Achtung vor moralischen Werten zu erhöhen. Aber seine gute intellektuelle Ausstattung ermögliche es ihm, solche Defizite durch Vernunftüberlegungen zu kompensieren. Es sei so etwas wie »trial and error«, er sei eben auf die Nase gefallen und bezweifele infolgedessen, dass er so etwas noch einmal versuchen werde. Der Zahn, er sei der Größte, sei ihm gezogen worden. Früher sei er unbefangen ans Töten herangegangen, er hätte sich gesagt, »man macht es und Schluss«, es sei eine fast spielerische Vorstellung gewesen, fast wie ein Film, als Junge hätte er sich »alles Mögliche darunter vorgestellt«. »Durch den ganzen Schlamassel« habe er jetzt aber ein distanzierteres Verhältnis dazu. Es komme sogar vor, dass er an den Wachmann und seine Familie denke, Familienfeste seien ja auch für ihn immer sehr wichtig gewesen. Überhaupt vertrete er heute keine Extrempositionen mehr, er sei nun in der Lage, auch die andere Seite zu sehen und sich deren Meinungen anzuhören. So sehr habe er sich in dieser Hinsicht verändert, dass seine Eltern halb im Scherz gesagt hätten, er trüge nun einen Heiligenschein. Nein, er sehe sich heute nicht mehr als gefährdet an, eine solche »Dummheit« wie damals oder sonst irgendetwas Illegales zu begehen.

Obwohl ich zwei ganze Tage mit Kältlich und einen dritten mit seinen Eltern verbrachte, gelang es mir nicht, viel Sympathie für ihn zu empfinden. Das lag nicht nur daran, dass seine Werteskala

Lichtjahre von der meinen entfernt blieb. Ausdrücke wie »Gefühlsscheiß« oder «dämliche Zivilisten« schienen mir zu bezeugen, dass sich seine Empfindungen, den intellektuellen Korrekturen zum Trotz, seit dem Tathergang nicht wesentlich gewandelt hatten. Wenn er seine moralischen Defekte auch nicht mehr offen verherrlichte, hatte er sie doch wie eine Art von Behinderung, für die man nichts kann, in seine Persönlichkeit integriert. Der alte Prichard'sche Begriff der »moral insanity« kam mir in den Sinn und es blieb mir nur zu hoffen, dass Kältlich tatsächlich durch Erfahrung etwas dazugelernt hatte. Aber hatte er das wirklich? Oder nutzte er nur seine überlegene Intelligenz, um die Einsicht in die eigene moralische Schwäche und ihre Kompensation durch den Verstand dem Gutachter als Beleg für seine heutige Ungefährlichkeit darzulegen? Und warum legte er nun, zehn Jahre nach der Tat, doch noch ein Geständnis ab? Hatten Mithäftlinge oder gar sein Anwalt ihn in dieser Richtung beraten und ihm gesagt, Lockerungen würden geständigen Tätern leichter gewährt?

Zugute halten konnte man ihm, dass er zum Tatzeitpunkt sicherlich emotional unreif gewesen war, seine eigene Referenz auf das Spielerische beim Töten war geradezu ein Musterbeispiel für den Versuch, nicht nur über die eigenen Größenfantasien, sondern auch über die Wirklichkeit unbeschränkte Macht zu gewinnen. Und an dieser gefühlsmäßigen Unreife schien sich noch nicht viel geändert zu haben.

So diagnostizierte ich eine weiterhin vorhandene, in erster Linie narzisstische Persönlichkeitsstörung. Dennoch empfahl ich, mit einem vorsichtigen Lockerungsprozess der Haftbedingungen zu beginnen. Eine psychotherapeutische Aufarbeitung der narzisstischen Persönlichkeitsdefizite außerhalb der JVA schien mir nicht aussichtslos zu sein, und dazu mussten Ausführungen durch Justizbeamte zum Therapeuten genehmigt werden. Im Übrigen glaubte ich Kältlich, dass er aus seiner Festnahme und seiner Verurteilung so viel gelernt hatte, dass es für ihn selbst besser war, auf illegale Handlungen auch dann zu verzichten, wenn sie ihm auf den ersten Blick einen großen Vorteil versprachen, denn wenn er sich in Zukunft korrekt verhielt, hatte er Aussicht auf Begnadigung und damit auf eine Entlassung in fünf bis sieben Jahren. So paradox es klingt: Bei Kältlich waren gerade sein Gefühlsdefizit und seine Neigung zu kühler Abwägung seines Vorteils und seiner Chancen ein prognostisch günstiger Indikator. Die einzige Gefahr – und ich verheimlichte sie in meinem Gutachten nicht – sah ich darin, dass er während eines Ausganges eben doch ein kalkuliertes Risiko auf sich nehmen, fliehen, ins Ausland entkommen und sich als Söldner in Afrika verdingen könnte.

Aber beim Schreiben dieser Kurzgeschichte, fast zehn Jahre später, zu einem Zeitpunkt, da Kältlich wohl schon lange wieder auf freiem Fuß ist, kommen mir plötzlich noch ganz andere Bedenken: Vielleicht haben seine Elitevorstellungen, seine soldatische Härte, seine angebliche Amoral nur dazu gedient, darunter verborgene sadistische Tötungsimpulse und -motivationen für andere, möglicherweise auch für ihn selbst unsichtbar zu machen. Bringt man seine sadistischen Onanievorlagen mit seinen Äußerungen über spielerisches Töten in einen Zusammenhang, mit seiner Verehrung für die SS, mit seinem Handbuch für den Messerkampf und dies alles mit der tatsächlichen Ermordung des Wachmannes, so gewinnt die von ihm selbst angegebene, ziemlich magere Motivation für dessen Tötung einen viel stärkeren, wenngleich ihm selbst wohl noch unbewussten Unterbau. Aus einer solchen Sicht wären seine amoralischen Rechtfertigungskonstruktionen und Rechtsvorstellungen ein – wenn auch sehr brüchiger – Schutz vor einer Überschwemmung durch offen sadistische Antriebe zu Folter und Mord. Für eine solche Anmutung – mehr ist es nicht, noch nicht einmal eine Vermutung – habe ich außer den genannten Bruchstücken keinerlei Belege, und ich kann nur hoffen, dass ich mich mit ihr auf einem völlig falschen Weg befinde. Aber mit dieser Unsicherheit werde ich wohl dauerhaft leben müssen.

Der Machtrausch des Waldgängers

Im Spätsommer 1989 fiel einem zwölfjährigen Jungen ein an einer Waldlichtung geparkter schnittiger Sportwagen mit einem Großstadtkennzeichen auf. Da dort sonst nie Autos standen und er zu Hause gehört hatte, dass in der Gegend schon einmal eine Frau vergewaltigt worden war, schrieb er sich die Nummer auf. Als kurz danach der Rundfunk von einer weiteren Vergewaltigung berichtete, verständigten seine Eltern die Polizei. Der Wagen gehörte einem jungen, renommierten Verkehrsexperten namens Friedhelm Luft, der noch am gleichen Abend festgenommen wurde. In seinem Kofferraum fanden sich Knebel, Stricke, Klebeband und ein Trainingsanzug. Das Opfer erkannte Luft sofort wieder, obwohl ihm nach seiner Überwältigung die Augen verbunden worden waren.

Schon bei seiner ersten Vernehmung gestand Luft fünf vollendete und eine versuchte Vergewaltigung in Laufe der letzten zwei Jahre. Heraus kam ferner, dass er bereits ein Jahr zuvor kurz in Verdacht geraten war, eine Frau überfallen zu haben. Auch damals hatte jemand sein Autokennzeichen notiert, als sein Wagen in einem abgelegenen Waldstück ganz in der Nähe des Tatortes gestanden hatte. Sein Foto war dem damaligen Opfer gezeigt worden, es hatte ihn darauf jedoch nicht wieder erkannt. So war das Verfahren gegen ihn eingestellt worden und die Polizei hatte sich bei Luft und seiner Frau sogar für den »falschen Verdacht« entschuldigt.

Luft erhielt vom Gericht eine Freiheitsstrafe von elf Jahren. Nach vier Jahren Haft, zuletzt in der Bildungsstätte einer JVA, um dort ein wirtschaftswissenschaftliches Fernstudium zu absolvieren, beantragte er Lockerungen, woraufhin die Anstalt sich entschloss, bei mir ein Prognosegutachten in Auftrag zu geben. Dies geschah noch bevor mit der Affäre Dutroux alle Lockerungen bei Sexualdelinquenten von einem Prognosegutachten abhängig gemacht wurden. Der für Luft zuständige Anstaltspsychologe, der mir die Akten übergab, verhehlte mir bei einem Vorgespräch nicht, dass er diesen »Kollegen« für einen zwar sehr intelligenten, aber auch sehr schwierigen und undurchsichtigen Gefangenen halte und deshalb eine externe Entscheidungshilfe begrüßen würde.

In dem gemütlichen Besuchszimmer der Bildungsstätte empfing mich ein schlanker, gut aussehender Mann, der erheblich jünger wirkte als seine knapp vierzig Jahre. Er brachte es fertig, bei mir für einen Augenblick der Eindruck zu erwecken, er sei gar kein Gefangener, sondern der Gastgeber für eine kleine Fachkonferenz. Meine Aufgabe sah er darin, dem »niveaulosen« und »unverständigen« Anstaltspsychologen sowie den »ignoranten« Justizbeamten die Berechtigung seiner Sichtweise klar zu machen. Dazu suchte er ein Bündnis mit mir und setzte nicht nur seine Intelligenz, sondern auch seinen ganzen nicht unbeträchtlichen Charme ein.

Sehr rasch stellte sich heraus, worin der Konflikt mit der Anstaltsleitung bestand: Luft meinte, er hätte die Persönlichkeitsprobleme, die ihn vor sechs Jahren zu seinen Taten getrieben hätten, inzwischen durch Selbstanalyse vollständig auf- und abgearbeitet, so dass man ihm nunmehr Haftlockerungen ohne Auflagen, insbesondere ohne eine Psychotherapieauflage gewähren könne, denn eine Rückfallgefahr bestünde nun nicht mehr. Die entsprechenden Paragraphen des Strafvollstreckungsgesetzes hatte er im Kopf und zitierte sie mir. Die Anstalt hingegen berief sich auf das im seinerzeitigen Strafverfahren erstellte Gutachten von Prof. X, der eine schwere, therapiebedürftige neurotische Störung diagnostiziert hatte.

Etwas widerstrebend ließ Luft sich dazu bewegen, mit mir über seine Lebensgeschichte und über das Hineingleiten in seine Delikte zu sprechen. Mir fiel auf, dass die Erzählung seiner Kindheit merkwürdig vernebelt ausfiel. Auf der Ebene seiner Bewertung war es eine glückliche Kindheit mit einem verständnisvollen Vater und einer liebevollen, wenngleich etwas klammernden Mutter gewesen. Er sprach von einer »vollkommen heilen Welt«, in der die Eltern Vorbilder dafür waren, dass man Konflikte durch Reden lösen könne. Hörte man hingegen auf seine Beschreibung, so kam heraus, dass die Familie jahrelang in einer ärmlichen, vor Schimmel starrenden Wohnung gelebt hatte, obwohl der Vater als Heimleiter einer Waldschule und Erziehungsberater ein gesichertes Einkommen hatte. Dieser Vater war kaum je zu Hause, weil er in der 80 Kilometer entfernten Landeshauptstadt eine kostspielige psychologische Weiterbildung absolvierte, zu der er jedes Mal von der Mutter hingefahren werden musste, da er wegen Trunkenheit am Steuer seinen eigenen Führerschein verloren hatte. Bei diesen Fahrten wurden die drei Kinder, solange sie noch klein waren, gleich mit in den Wagen gepackt, weil zu Hause niemand auf sie aufpassen konnte. So verbrachte der kleine Friedhelm einen guten Teil seiner ersten Lebensjahre auf der Autobahn. Der »verständnisvolle« Vater erwies sich des Weiteren als ziemlich jähzornig, oft rutschte ihm die Hand aus, und wenn er die Kinder geschlagen hatte, zog er sich zurück und weinte über sich selbst und seine Unbeherrschtheit. Betrunken sei er nach dem Führerscheinentzug nie wieder gewesen, aber man sagte ihm nach, dass er an seinem Arbeitsort, der Waldschule, Frauengeschichten gehabt hätte. Dadurch wiederum war die Mutter zum Alkohol und schließlich in die Trunksucht getrieben worden. Sie hätte im Übrigen etwas »Vergewaltigendes« an sich gehabt, die Kinder selbst noch in der Pubertät umarmt und geküsst, auch wenn diese das gar nicht wollten. Über die beiden zwei bzw. vier Jahre jüngeren Brüder ließ sich nur erfahren, dass er »ganz normal« mit ihnen gespielt hätte.

Als er vierzehn wurde, seien sieben Pflegekinder ins Haus gekommen. Friedhelm Luft wusste nicht zu sagen, ob aus Nächstenliebe oder um das Familienbudget aufzubessern. Zu den Eltern sagten auch sie Vati und Mutti, eifersüchtig will er deshalb aber nicht gewesen sein, der Altersunterschied war dazu zu groß. Die Pflegekinder blieben so lange, bis sie nach ihrem Schulabschluss eine Lehre mit Verpflegung und Unterkunft gefunden hatten, Friedhelm Luft lebte schon nicht mehr zu Hause, als das letzte von ihnen sein Elternhaus verließ. Schwierigkeiten hätte es mit ihnen niemals gegeben. Aus seinem Bericht gewann ich dennoch den Eindruck, dass die Nähe zu den leiblichen Geschwistern sich mit der Ankunft der Pflegekinder – alles Jungen – doch etwas verringert hatte. Was auch im Einzelnen geschehen sein mochte, deutlich wurde das Bild einer Kindheit mit vielen Verunsicherungen, einer klammernden, schließlich trunksüchtigen Mutter, einem oft abwesenden, jähzornigen, in verschiedene, ihn wohl auch überfordernde Projekte verstrickten Vater und verwaschenen Geschwisterbeziehungen – alles gravierende Probleme, die Luft bagatellisierte.

Von der Schulzeit berichtete er, dass er in der Schule zunächst gut mitkam, im siebten Schuljahr dann aber »aus Faulheit« sitzen blieb. Nun war er mit dem nächstjüngeren Bruder in einer Klasse. Er fand das toll, die geschwisterlichen Bande festigten sich wieder, und bis zum Abitur, das er mit einer Drei bestand, verlief alles in normalen Bahnen. Mit fünfzehn fand er zu seinem Lieblingshobby, dem Segelfliegen, das er bis zu seiner Verhaftung betrieb. Kurz vor seinem Abitur unterzog sein Vater ihn einem Intelligenztest. Der fiel, wie Luft mir sagte, »erschreckend hoch« aus, über 150 Punkte auf jeden Fall. Das trug ihm zunächst nur den Vorwurf ein, seine Fähigkeiten so wenig genutzt zu haben, und die Mahnung, bescheiden zu bleiben.

Lufts weiterer Lebensweg verlief dann in einer Art Pendelbewegung zwischen Leistungsstress und hedonistischer Verwahrlosung. Er begann mit einem Psychologiestudium und bestand das Vordiplom in der Mindestzeit von vier Semestern. Zusammen mit einem Kollegen, der es ebenso zügig geschafft hatte, wollten sie sich danach ein gemächliches Semester gönnen, in welchem die Hobbys – in seinem Fall das Segelfliegen – einen gebührenden Platz einnehmen sollten. Die Zeit verrann, viel mehr Zeit, als er für diese »schöpferische Pause« eingeplant hatte, und eines Tages erschreckte ihn sein Kollege mit der Mitteilung, er werde sich nun zur Diplomprüfung anmelden. Die daraus erwachsenen guten Vorsätze Lufts, das Versäumte aufzuholen, hielten aber nicht lange vor, er verfiel wieder in den alten Schlendrian, blieb zwar immatrikuliert, ging aber nicht mehr zu den Vorlesungen und verdiente sich sein Geld als Taxifahrer. Den Eltern log er vor, er hätte sein Studium schon abgeschlossen. Schließlich zog er in eine pazifistisch und ökologisch orientierte Wohngemeinschaft, deren Leitlinie es war, nur das zu tun, worauf man wirklich Lust verspürte. Er ging auf Demonstrationen mit den Kernkraftgegnern, lernte spielend Griechisch und Spanisch, fotografierte und interessierte sich für Computer. Daneben ging er seinem alten Hobby, dem Segelfliegen, nach. So hatte er bald schon sechzehn Semester auf dem Buckel, als er durch eine Anzeige seine spätere Frau kennen lernte: Es war Liebe auf den ersten Blick. Ihr zuliebe machte er mit dem Studium wieder ernst, heiratete sie und ein knappes Jahr später hielt er sein Diplom mit der Note von 1,5 in der Hand. Kurz danach wurde sein erster Sohn geboren.

Aufgrund seiner hervorragenden Examensnote wurde er von einem Verkehrsverbund als Gutachter für Personalfragen angestellt und machte dort rasch Karriere. Weil er alle ihm übertragenen Aufgaben zügig und kompetent erfüllte, wurde ihm immer mehr aufgeladen, er wurde zu einer Art Aushängeschild seines Unternehmens und von diesem zu vielen Vorträgen entsandt. So hatte er bald einen zwölf- bis vierzehnstündigen Arbeitstag, denn er wagte keinen einzigen Auftrag abzulehnen, weil er einen Zeitvertrag hatte. Aber Luft meinte dabei auch einem inneren Zwang zu folgen, den er von seinem Vater übernommen hatte: Auch der konnte nicht nein sagen und war so in seinen vielfältigen Verpflichtungen erstickt. Hinzu kam, dass sein Arbeitgeber ihm auch

für seine kreativen Tätigkeiten wie seine Vorträge sehr genaue inhaltliche Vorgaben machte. Zu Hause erging es ihm nicht viel anders: Dort war seine Frau die unumschränkte Herrscherin, er musste sich ihren Wünschen fügen und sich ihrem ästhetisierenden Lebensstil anpassen. Das tat er auch, denn er empfand der Familie gegenüber ein schlechtes Gewissen, weil er ihr so wenig Zeit widmen konnte. So hatte er schließlch das Gefühl, überall eingeengt und nirgends mehr er selbst zu sein.
Hier unterbrach ich Luft und fragte ihn, wie seine vorherigen Liebesbeziehungen verlaufen waren. Er erzählte von einer ersten mehrjährigen Schulfreundschaft ab fünfzehn mit Küssen und Petting, aber noch ohne Geschlechtsverkehr, die Schwester des Mädchens hatte ein uneheliches Kind und es hatte deshalb Angst davor. Den ersten Koitus erlebte er mit achtzehn, mit einem Mädchen, das schon Erfahrungen hatte und dessen Freund für ein Jahr in Amerika war. Als der einige Monate später zurückkam, fand diese Liebesgeschichte ihr Ende. Luft war sich nicht sicher, ob er das Mädchen wirklich befriedigt hatte. Nach seinen Schilderungen hörte es sich so an, als ob von Seiten des Mädchens eher eine zärtliche Kumpanei und Freundschaft im Spiel war, ihre Liebe aber weiterhin dem ersten Freund gehörte, zu dem sie später auch zurückkehrte. Luft will darüber keine Eifersucht und auch keinen Kummer verspürt haben, obwohl sie schlank und sportlich, ja körperlich hundertprozentig sein Typ war. Es folgte die Bundeswehrzeit mit einigen eher enttäuschenden Bordellbesuchen und dann eine vier- bis fünfjährige Liebesbeziehung mit einem sehr jungen, sexuell völlig unverklemmten Mädchen, das alle seine Wünsche befriedigen konnte, obwohl sie, eher etwas pummelig, nicht seinem Idealtyp entsprach. Warum sie sich trennten,

konnte er mir nicht erklären. Sie hätten sich eben »auseinander entwickelt«, und kulturell sei sie auch nicht auf seinem Niveau gewesen. Eines Tages hatte sie einen anderen Partner. Wehgetan hätte ihm das schon, aber ihn nicht umgehauen. Danach war er in die WG gezogen, wo er drei Jahre mit einer etwas älteren, recht dominanten Frau eine Beziehung hatte, die »genau wusste, was sie wollte, und die Spielregeln auch in der Liebe bestimmte«. Bei dieser »unromantischen« Sexualität habe ihm gefehlt, was er bei ihrer Vorgängerin immer gefunden hätte. Die Frau verließ schließlich die WG, die sie aufgebaut hatte, für eine »Zweierkiste« mit einem neuen Partner, was er ebenso wie die anderen als Verrat an ihren Idealen erlebt hätte. Bis er seine spätere Frau traf, gab es danach für ihn nur kurzfristige, rein sexuelle Beziehungen mit Frauen, die er über Annoncen kennen lernte.

Mit Christine, seiner Frau, änderte sich alles, das Pendel schlug wieder um. Nicht nur, dass er sein Examen glanzvoll bestand und beruflich Karriere machte, es wurde auch ein Haus gekauft und nach dem Geschmack seiner Frau elegant eingerichtet. Diese Atmosphäre kultivierter Intimität, die er vorher nicht gekannt hatte, hätte er sehr genossen. Bei intensiver Nachfrage räumte er aber ein, dass er sie nach einiger Zeit auch als fremdbestimmt wahrgenommen hätte, als etwas, was eigentlich nicht zu ihm gehörte. Die sexuelle Beziehung zu seiner Frau beschrieb er zuerst als »sehr schön«. Aber auch hier wich die Beschreibung, als ich ihn dazu veranlassen konnte, von dieser Bewertung nicht unwesentlich ab: Es stellte sich heraus, dass seine Frau unter Neurodermitis litt, Hautkontakte ertrug sie nur in sehr eingeschränktem Maße und der Koitus konnte so nur in einer einzigen Stellung, seitlich von hinten, vollzogen werden. Überdies sei es fast immer er, der die

Initiative dazu ergreifen müsse, und wenn es denn dazu käme, müsse sie sich dabei selbst stimulieren, um zum Orgasmus zu kommen. Oralverkehr, den er mit seinen vorherigen Partnerinnen häufig und gerne geübt hatte, war in seiner Ehe ein Tabu.
Auch im Bericht über seine Frauenbeziehungen zeigte Luft also – wie in dem über seine Kindheitserfahrungen – die Neigung, aufgekommene Probleme zu bagatellisieren, wenn nicht sogar zu verdrängen. Dennoch enthielt die Sexualanamnese nichts eigentlich Pathologisches. Einmal über eine jugendliche Schüchternheit hinweggekommen, waren seine Liebesbeziehungen so verlaufen wie bei den meisten jungen Männern, er war auch in der Lage gewesen, einige von ihnen über Jahre aufrechtzuerhalten. In diesen Beziehungen hatten sich keinerlei deviante oder auch nur grenzwertige sexuelle Vorlieben bemerkbar gemacht, keine sadistischen oder masochistischen Neigungen, kein Fetischismus, keine Neigung zur Exhibition oder zum Voyeurismus. Auch außerhalb des sexuellen Bereiches war es nie zu irgendwelchen Gewaltakten gekommen, nie zum Versuch, jemanden seinem Willen zu unterwerfen. Luft war, wie er es selbst ausdrückte, kein Macho, sondern eher ein »Müslityp«, ein unbelehrbarer Softie.
Aber auch Softies kann ihre ständige Selbstunterwerfung zu viel werden, ja sie können anfangen, unter ihr zu leiden, und versuchen, sich davon zu befreien. Luft meinte, genau dies sei ihm zugestoßen. Begonnen hätte das, als er den Heimweg, der ihn durch ein einsames Waldgebiet führte, auszudehnen begann. Zum ersten Mal hatte ihn ein Stau dazu veranlasst, statt der Autobahn kleinere Straßen zu nehmen. Dort fuhr er im Schritttempo durch den Wald, genoss die bezaubernde Landschaft und hing schönen

Erinnerungen, Plänen und Wunschfantasien nach. Dabei überfiel ihn ein ungeahntes Glück: Während dieser Zeit empfand er sich ganz als Herr seiner Handlungen und seiner Gedanken. Am nächsten Tag fuhr er gleich Richtung Wald, ohne dass ein Stau ihn dazu genötigt hätte. Dass er wieder eine Stunde später nach Hause kam, erklärte er seiner Frau mit unverhoffter zusätzlicher Arbeit. Diese kleine Schwindelei, Luft bezeichnete sie als seine erste »Illegalität«, machte ihm allerdings ein schlechtes Gewissen, von dem er sich noch mehr bedrückt und eingeengt fühlte. Und das steigerte sein Bedürfnis, irgendwo allein und Herr seiner selbst zu sein. Bald dehnte er also auch die Hinfahrt aus und machte für seine Verspätung im Büro Staus verantwortlich. Wegen seiner hervorragenden Leistungen machte niemand ihm daraus einen Vorwurf. Aber ein schlechtes Gewissen bekam er nun auch seinen Vorgesetzten und Kollegen gegenüber. Das Verlangen, wenigstens irgendwo unterwegs er selbst zu sein, frei von häuslichen und beruflichen Zwängen, wurde immer drängender, ja es nahm einen quasi süchtigen Charakter an.

Der nächste Schritt bestand darin, dass er auf einem Waldweg Halt machte, ausstieg und eine Weile spazieren ging. Als er dabei einmal eine junge Frau traf, die wie er allein unterwegs war, sagte er sich: Die ist ganz schön mutig, wenn einer sie hier überfällt, kann keiner ihr helfen. Und als sie aus seinem Blickfeld entschwunden war, schoss ihm der Gedanke durch den Kopf: Wie wäre es, wenn ich es bin, der sie dazu zwingt, alles zu machen, was ich möchte? Diese Vorstellung hätte ihn nicht nur erregt, sondern auch eine innere Zufriedenheit in ihm erzeugt.

Diese Überlegungen führten dazu, dass er auf seinen umwegigen Heimfahrten einsame Plätze suchte, die zu solchen Fantasien passten, ja er legte sich eine regelrechte Sammlung solcher Plätze an. Eine Zeit lang genügte ihm das: Er kam zufriedener und ausgeglichener nach Hause und verkraftete auch den Arbeitsstress besser. Aber die Gratifikation, die von solchen für sexuelle Attacken »geeigneten« Landschaftsbildern ausging, nutzte sich rasch ab. Er arbeitete dem entgegen, indem er sich Handschellen, Knebel und Klebeband kaufte und in den Kofferraum packte, und wenn er nun auf Frauen traf, so stellte er sich den Überfall auf sie und ihre Willfährigkeit in allen Details vor. Diese Konkretisierung der Szene brachte wiederum für eine Weile Entlastung. Aber dann verpuffte allmählich auch hier die Wirkung und er sagte sich: Ich komme ohne das nicht zurande, eines Tages muss ich es wirklich tun.

So zog er sich bei seinen nächsten Wegpausen Freizeitkleidung an und folgte zum ersten Mal einer Frau. Wie bei einem Katze-und-Maus-Spiel ließ er sie mehrfach aus seinem Blickfeld entschwinden und versuchte dann, sie wieder zu treffen. Schließlich brachte er es aber doch nicht fertig. In einer richtigen Katerstimmung und mit dem Gefühl, ein Versager zu sein, kam er schließlich nach Hause. Beim nächsten Mal sagte er sich: »Jetzt oder nie«, wenn er es nicht täte, würden seine »Auszeiten« auch noch ihre letzte befreiende Wirkung verlieren. Als ihm auf einem seiner »Plätze« eine hübsche, schlanke Frau entgegenkam, stürzte er sich auf sie und zerrte sie ins Gebüsch.

Luft tat sich zunächst sehr schwer damit, über den genaueren Ablauf dieser ersten und der vier folgenden Vergewaltigungen zu sprechen, weil, so sagte er, das, was er getan hätte, so ganz gegen seine »menschlichen und humanistischen Grundsätze« verstoße. Er antwortete verärgert und leicht gereizt, wenn es um seiner

Meinung nach »völlig unwesentliche Details« ging. Vielleicht sträubte er sich auch dagegen, durch die Vorstellung dieser Szenen den damaligen sexualisierten Machtrausch nachzuerleben. Er räumte ein, dass es jedes Mal zu einer »initialen Gewaltphase« gekommen sei, durch die er die Frauen dazu habe bringen wollen, ihm zu Willen zu sein. Er habe sie zu Boden gerissen, gefesselt und ihnen die Augen verbunden. Es sei ihm in der Folge aber darum gegangen, dass die Frauen »freiwillig«, das heißt ohne weitere Gewaltanwendung oder auch nur Gewaltandrohung, alles machten, was er wollte. Und das hätte er zumeist auch erreicht. In dieser zweiten Phase hätte er ihnen auch ihre Angst nehmen wollen: indem er beruhigend auf sie einredete, ihre Fesseln lockerte und ihnen versicherte, wenn sie täten, was er wollte, würde ihnen »sonst nichts« geschehen. Er hätte sich auch eine Weile mit ihnen über ihre Arbeit und ihre Partnerbeziehungen unterhalten. Während solcher Gespräche hätte er sie gestreichelt und schließlich geküsst. Sie hätten dann seine Zärtlichkeiten von selbst erwidert. Zu einer Erektion sei es bei ihm erst während dieser zweiten, zärtlichen Phase gekommen. Das hätte ihm eigentlich schon genügt, den Geschlechtsakt hätte er nur vollzogen, »um die Sache zum Abschluss zu bringen«. Natürlich hätte er gehofft, dass auch seine Opfer dabei etwas Gefallen finden würden, aber das sei wohl eine Illusion geblieben.

Da ich die Vernehmungsprotokolle der Opfer kannte, wusste ich, dass die fünf Vergewaltigungen nicht ganz nach diesem Schema vonstatten gegangen waren. Eine Frau hatte er in der initialen Gewaltphase gewürgt, wohl weil sie zu schreien versuchte. Bei einer anderen erreichte er den Oralverkehr erst durch eine Drohung mit dem Messer, und sie musste seinen Samen hinunterschlucken.

Eine dritte – das war sein letztes Opfer – zwang er dazu, bis zum Orgasmus zu masturbieren, und er fotografierte sie dabei. Darauf angesprochen wurde Luft sehr unwirsch. Er behauptete, diese Frauen hätten die von ihm angewendete Gewalt übertrieben, um ihre Opferrolle zu unterstreichen. In Wirklichkeit wären sie jeder seiner Anweisungen sofort nachgekommen, ohne dass es weiterer Drohungen bedurft hätte. Es sei so etwas gewesen wie ein Spiel nach seinem Drehbuch – aber mit vielen Improvisationen. In keinem Falle sei irgendeine Gegenwehr erfolgt. Er habe zu den Frauen Zuneigung empfunden: Im Moment der Vergewaltigung seien sie seine Verbündeten, seine Leidensgenossen geworden, schließlich sei ja auch er in vielfacher Hinsicht in seinem Leben vergewaltigt worden. Diese Zuneigung hätte er zwar nicht in Worten ausgedrückt, aber in seinen Zärtlichkeiten, im Streicheln und Küssen, im Ton, in dem die Unterhaltung ablief.

Beim ersten Mal, sagte Luft, hätte er fast noch mehr Angst gehabt als sein Opfer. Die Frau sei, nachdem er sie gefesselt hätte, eigentlich sehr gefasst gewesen, sie hätte ihm sogar vorgeschlagen, sich mit ihm in einer Disko zu treffen und danach all das freiwillig zu tun, was er ihr jetzt gewaltsam abfordere. Sie habe ein Abwehrkonzept gehabt, während er nicht wusste, wie es jetzt weitergehen sollte. Er hätte dann die Zähne zusammengebissen und die Sache zu Ende gebracht. Danach hätte er sie beruhigt und ihre Fesseln so weit gelockert, dass sie sich in wenigen Minuten selbst befreien konnte, und sei zum Auto geflüchtet. Allmachtsgefühle hätte er während des ganzen Vorganges überhaupt nicht verspürt. Unterwegs nach Hause sei ein kurzer Triumph aufgekommen: »Du hast es wirklich getan.« Der richtige Machtrausch hätte sich erst am nächsten Tag bei der Arbeit eingestellt. Zum ersten Mal hätte er sich bewiesen, dass er sein Leben selbst in die Hand nehmen könne, wenn auch zum Schlechtesten. Den Kollegen gegenüber hätte er sich gedacht: »Wenn ich dir das erzählen würde, würdest du vom Stuhl fallen«, und den Vorgesetzten gegenüber: »Wenn ihr das wüsstet, dann würdet ihr euch mit mir nicht anlegen.« Auf eine verrückte Art hätte er sich nicht mehr so ausgeliefert gefühlt. Nicht was er der Frau gegenüber, sondern was er dem Gesetz gegenüber gewagt hätte, hätte ihm Befriedigung verschafft. Mir wurde klar, dass auch bei Luft das süchtige Verlangen vieler Delinquenten nach Transgression von Gesetz und Moral mitgespielt hatte, weil er sich nur so seiner Handlungsfähigkeit versichern konnte.

Lufts Hoffnung, das aus seiner Tat erwachsene Gefühl der Stärke werde anhalten, so dass er sie nicht zu wiederholen brauche, erwies sich als trügerisch. Wenige Tage später, als immer noch nichts von der Vergewaltigung in den Zeitungen stand, kamen ihm schon erste Zweifel: Er suchte den Tatort auf, um sich davon zu überzeugen, dass die Tat wirklich stattgefunden hatte, aber er hatte Schwierigkeiten, sich vorzustellen, dass er es selbst gewesen war, der sie begangen hatte. Die ganze Szene verblasste und drohte, ihren Charakter als Erinnerung an etwas wirklich Geschehenes zu verlieren. Um sein Selbstgefühl wiederherzustellen, musste er sie neu inszenieren.

Das tat er 700 Kilometer von seinem Wohnort entfernt, nach einem Vortrag. Man hatte ihm strikte Anweisungen für seinen Inhalt gegeben, nur Altbekanntes durfte er bringen, keine neueren Forschungsergebnisse berücksichtigen. So hatte er sich wieder vergewaltigt gefühlt, und dieses Gefühl musste er, koste es, was es wolle, loswerden. Um diesmal in den Tagen nach seiner Tat ganz

sicher zu sein, schnitt er dem Opfer ein kleines Büschel Schamhaare ab, das er mitnahm und zu Hause in einer abgeschlossenen Schublade verwahrte. Als er es aber betrachten wollte, ekelte er sich so vor sich selbst, dass er es wegwarf.
Die folgenden Vergewaltigungen unterschieden sich von den ersten dadurch, dass Luft jedes Mal weitergehende Forderungen an seine Opfer stellte, die ihm auch erfüllt wurden. Er verstand es offenbar, die Frauen davon zu überzeugen, dass er beabsichtigte, sie danach gehen zu lassen, was er auch tat. Die ersten drei Überfälle hatte er innerhalb von drei Wochen begangen. Nachdem der dritte fehlgeschlagen war und er nur durch Glück nicht als Täter identifiziert wurde, gab es, während die Untersuchungen gegen ihn liefen, eine fünfmonatige Pause. Luft sagte, dass weder seine Frau noch sein Anwalt noch seine Kollegen ihm diese Tat zugetraut hätten, ja er selbst hätte alle Vorwürfe in ehrlicher Empörung von sich gewiesen: so fremd sei ihm sein Täterich während seiner Alltagsexistenz erschienen, genauso wie Mr. Hyde Dr. Jekyll. Aber nachdem das Verfahren gegen ihn eingestellt worden war, hätte er sich gesagt, er müsse nun sein Angstgefühl überwinden, wie jemand, der sich nach einem Autounfall wieder ans Steuer setzt. So sei es zur vierten Tat gekommen. Danach hätte er für ein Jahr Ruhe gehabt. Seine Frau sei in dieser Zeit liebevoller und zärtlicher auf seine Wünsche und Bedürfnisse eingegangen und auch im Beruf gab es keine größeren Probleme. Dann aber hätte es neue Spannungen in seinem Betrieb gegeben und er bekam Angst, dass sein Vertrag nicht verlängert werden würde. Wieder fühlte er sich den Verhältnissen völlig ausgeliefert, das hatte zur fünften und zur sechsten Tat geführt. Erst nach seiner Verhaftung, die ihm wie ein böser Traum erschien, sei ihm, während der Ver-

nehmungen durch die Kripo, wirklich klar geworden, dass er die ihm vorgeworfenen Taten tatsächlich begangen hatte.
Als ich mit ihm sprach, vertrat Luft die Überzeugung, er sei im Verlauf seiner Haftjahre den Ursachen, die ihn zu seinen Taten getrieben hätten, durch Selbstanalyse vollständig auf die Spur gekommen, so dass ihm Derartiges in Zukunft nicht mehr passieren könne. Die Ursachen lägen darin, dass er unfähig gewesen sei, anderen gegenüber eigene Interessen und Wünsche zur Geltung zu bringen, und sich überall, zu Hause wie im Betrieb, unterworfen habe. Inzwischen hätte er aber gelernt, nein zu sagen und unangemessene Ansprüche und Forderungen zurückzuweisen, ja, zur Durchsetzung seiner Rechte auch Beschwerde, notfalls sogar Klage zu erheben. Einer Therapie bedürfe er deshalb nicht mehr.

Zu Konflikten mit Justizbeamten und anschließenden Beschwerden gegen sie war es während der Haft tatsächlich mehrfach gekommen. Einer der Beamten hätte, so Luft, den Akten die Adresse seiner Frau entnommen, sie unter einem Vorwand aufgesucht und ein Verhältnis mit ihr begonnen. Seine Frau hätte ihm das bei einem Besuch gestanden und er hätte ihr verziehen, aber die Ehe, die die Erschütterung seiner Verhaftung noch nicht überstanden hatte, sei daraufhin kaputtgegangen. Er hätte sich über den Mann beschwert, wisse aber nicht, wie die Sache ausgegangen sei. Luft behauptete, bei den Beamten seien Techtelmechtel mit Gefangenenfrauen gang und gäbe, diese seien in ihrer Vereinsamung und ihren Nöten leichte Opfer. Auch sein gegenwärtiger Sozialarbeiter sei deswegen vorbestraft, und er, Luft, werde von ihm schikaniert, weil er sich über seinen Kollegen, mit dem sein Betreuer sich solidarisch fühle, beschwert hätte. Aber er hätte es gelernt, sich auch diesem Mann gegenüber zu wehren.

Es gelang mir nicht, Luft verständlich zu machen, dass seine Einsicht in die Dynamik seiner Delinquenz unvollständig war. Offen blieb, weshalb es gerade Vergewaltigungen sein mussten, mit denen er sich das Gefühl zu verschaffen suchte, wieder handlungsfähig zu werden. An einer Stelle unseres Gespräches hatte er mir gesagt, er hätte auch an Banküberfälle gedacht, aber das sei ihm lächerlich vorgekommen. Warum hatte er diese Möglichkeit sogleich verworfen? Und warum hatte er nicht versucht, eine Sexualpartnerin zu finden, die ihm freiwillig alle seine Wünsche erfüllte? Gehörte das Brechen des Selbstbestimmungsrechts der Frauen nicht auch zu seiner Inszenierung, trug nicht auch das, wie bei vielen anderen Sexualdelinquenten, zu seiner Gratifikation bei? Bagatellisierte und banalisierte Luft nicht – wie seine übrigen Lebensprobleme – die Schwere seiner psychischen Störung? Und ebenso die Probleme, die bei einer Haftentlassung auf ihn zukommen würden? Dafür sprach, dass er mit der 15-jährigen Nichte eines Mitgefangenen, die diesen besucht hatte, ganz unbefangen eine freundschaftliche Beziehung eingegangen war und mit diesem Mädchen Liebesbriefe austauschte, dass in seiner Zelle Aktbilder hingen und die Anstaltszensur ihm zugesandte pornografische Bilder abgefangen hatte. Zwar räumte ein Mithäftling ein, diese Zusendung ohne Wissen Lufts veranlasst zu haben, aber ein Verdacht blieb, dass dies doch in seinem Auftrag geschehen war.

Die Notwendigkeit einer psychotherapeutischen Behandlung schien mir also zweifelsfrei zu bestehen, und ich empfahl Lockerungen nur unter der Bedingung, dass Luft eine solche Behandlung begann. Er nahm diese Entscheidung, gegen meine Erwartung, ohne Widerspruch hin, sagte mir zum Abschied sogar:

»Wer weiß, vielleicht bringt mich eine Therapie doch weiter.« Ich gewann den Eindruck, dass er sich zwar verpflichtet gefühlt hatte, so lange dagegen zu opponieren, wie noch Aussicht bestand, mich von seinem Standpunkt zu überzeugen, nun aber erleichtert war, dass er das nicht fertig gebracht hatte. Vielleicht hatte er vor sofortigen Lockerungen sogar Angst gehabt.

Ob mit oder ohne Therapie: Heute befindet sich Luft jedenfalls schon seit einiger Zeit auf freiem Fuß. Wenn er wieder straffällig geworden wäre, hätte ich es wohl erfahren.

Natürlich habe ich mich gefragt, ob er selbst in seiner Kindheit nicht das Opfer sexueller Gewalt geworden war, ob die ungeliebten Zärtlichkeiten der Mutter, von denen er sprach, nicht doch die Inzestgrenze überschritten hatten, auch wenn er sich an Derartiges nicht erinnern wollte, vielleicht auch deshalb nicht, weil seine Eltern mit seiner Verhaftung zu seinem einzigen zuverlässigen Halt geworden waren, den zu verlieren er sich nicht leisten konnte. Hatte sich aufgrund schwerer kindlicher Traumatisierungen eine dissoziative Persönlichkeitsspaltung entwickelt? Oder wollte er nur Gleiches mit Gleichem vergelten, sich bei den Frauen für die ihm angetane Gewalt rächen? Aber dafür ging es in den Vergewaltigungen zu wenig um die Frauen, zu sehr um ihn selbst – es sei denn, die ganze Geschichte seiner Selbstvergewisserungsversuche in der Waldeinsamkeit diente nur dazu, ein tiefer liegendes Geheimnis zu verbergen.

Mit seiner Inszenierung hat Luft jedenfalls eine Sehnsucht aufs Paradoxeste befriedigen wollen. Mit Gewalt versuchte er die Frauen dazu zu bringen, seine Bedürfnisse nach Zärtlichkeit und Sexualität freiwillig zu erfüllen. Es war die strukturelle Gewalt des Harems, die er sich herbeiwünschte, eine Situation, in der den Frauen gar nichts anderes übrig bleibt, als der Lust ihres Herren dienstbar zu sein.

Der dunkle Flussgott des Bluts

Diese Geschichte ist eigentlich zu schrecklich, um sie überhaupt zu erzählen. An einem Wintermorgen des Jahres 1997 finden Passanten auf einem Stoppelfeld eine verkohlte Leiche. Aufgrund des Gebisses kann ihre Identität festgestellt werden: Es handelt sich um die 20-jährige Bademeisterin Nora Windfuß, die seit zwei Tagen von ihren Eltern und ihrem Verlobten vermisst wurde. Dieser berichtet der Polizei, sie hätte ihn zuletzt spätabends aus der Wohnung eines früheren Freundes, Anton Krumser, angerufen. Krumser behauptet zunächst, Nora hätte seine Wohnung noch in der gleichen Nacht verlassen, verwickelt sich dann aber in Widersprüche und räumt schließlich ein, sie vergewaltigt, erwürgt, ihre Leiche aus dem Haus geschafft und verbrannt zu haben.

Als der Mord in dem kleinen Ort, in dem Krumser wohnte, bekannt wurde, zeigte eine angeheiratete Cousine ihn an, auch sie sei vor neun Jahren von ihm in seine Wohnung gelockt, dort gefesselt, gewürgt und vergewaltigt worden. Da Anton ein Verwandter ihres damaligen Verlobten und späteren Mannes, aber auch ihres Ausbilders war, hätte sie nach einem »Familienrat« seinerzeit darauf verzichtet, zur Polizei zu gehen, zumal Anton sich bereit erklärte, psychotherapeutische Hilfe in Anspruch zu nehmen. Aber schon nach zwei Sitzungen brach er die Behandlung ab.

Überraschend schnell werden von der Polizei die in Frage kommenden Zeugen vernommen: Noras Eltern und Freunde, Antons Bruder Christoph, alle bekannt gewordenen Sexualpartnerinnen Antons, das seinerzeitige Opfer, die angeheiratete Cousine Alice, Antons Vater. Ich wurde gebeten, Anton zu untersuchen und zur Frage seiner Schuldfähigkeit Stellung zu nehmen, aber auch zu klären, ob eine Unterbringung in der Forensik oder eine Sicherheitsverwahrung zu empfehlen sei. Wie immer bei der Begutachtung von Sexualstraftätern ließ ich mir von einer sexualwissenschaftlich erfahrenen psychologischen Mitarbeiterin helfen.

Anton wirkte auf mich für seine siebenundzwanzig Jahre sehr unausgereift, wie ein zu groß und zu kräftig geratenes, in die Höhe und Breite geschossenes, ungelenkes Kind. Obwohl er genau wusste, was er getan hatte, und nichts abstritt, schien er sich über die Folgen, die dies für ihn und sein künftiges Leben haben wurde, uberhaupt nicht im Klaren zu sein. So sprach er davon, dass er seinen Kindern, anders als seine Eltern, alle körperlichen Züchtigungen ersparen wolle. Seine Tat empfand er als eine Art beiläufiges Missgeschick: Sie passte in seinen Lebensplan und auch in sein Selbstbild nicht hinein. Und wirklich erzählten alle Partnerinnen, die freiwillig sexuelle Beziehungen zu ihm eingegangen waren, der Polizei, Anton sei von ruhiger und freundlicher Wesensart, er könne keiner Fliege etwas zuleide tun. Frauen gegenüber versuche er alle ihre Wünsche zu erfüllen, um so ihre

Liebe zu gewinnen, nur ganz selten raste er mal aus, aber nur derart, dass er etwas zerschlage oder eine Tür zuknalle, nie würde er seine beträchtliche Körperkraft gegen Menschen einsetzen und jemanden schlagen. Allerdings habe er ein überschießendes Zärtlichkeitsbedürfnis und erkenne oft nicht, wenn das einer Frau zu viel würde.

In völlig ruhigem Tonfall gab Anton mir nicht nur einen Einblick in seine Lebensgeschichte, sondern berichtete auch von seiner jetzigen Tat. An Alice' Vergewaltigung vor acht Jahren hingegen, behauptete er, keine genaue Erinnerung mehr zu haben; nur dass er sie gegen ihren Willen dazu gezwungen hätte, mit ihm zu schlafen, das wusste er noch. Ansonsten war es eine abgehakte Geschichte, an die er nicht mehr denken wollte. So konnte ich mich bei der forensischen Bewertung dieser Tat nur auf Alice' Schilderungen beziehen.

Alice hatte der Polizei erzählt, nach einem kleinen Fest mit Verwandten und Freunden hätte Anton sie heimfahren wollen, ihr unterwegs aber vorgeschlagen, kurz mit zu ihm zu kommen, wo ein kleines Geschenk auf sie warte. Den ganzen Abend über sei er auf dem Fest freundlich und ruhig gewesen, auch als sie sich gemeinsam mit allen anderen einen Pornofilm angesehen hätten, sei er nicht zudringlich geworden. In seiner Wohnung angekommen entpuppte er sich jedoch als ein völlig anderer: Kaum dass die Tür geschlossen war, hätte er ihren Pullover zerrissen und ihr befohlen, sich nackt auszuziehen. Dabei beschimpfte er sie wegen ihrer geringen Oberweite. Als sie versuchte, aus dem Zimmer zu entkommen, hätte er sie am Hals gepackt und so stark gewürgt, dass sie kaum Luft bekam, sie auf sein Bett geworfen, mit Handschellen gefesselt und ihr die Schamhaare wegrasiert.

Dann hätte er eine Videokamera aufgestellt und gefilmt, wie er einen Finger in ihre Scheide einführte. Schließlich hätte er sich ausgezogen und wäre in sie eingedrungen. Auch das hätte er mit der Videokamera aufgenommen. Sie hätte damals den Eindruck gehabt, dass er ihre Angst und ihre Qualen am meisten genoss. Danach sei sie von ihm noch dazu gezwungen worden, nackt in der Küche den Abwasch zu machen: Wie eine Sklavin sei sie sich dabei vorgekommen. Am nächsten Morgen hätte er sie nach Hause gefahren und ihr gedroht, er werde die Videokassette ihren Eltern schicken, wenn sie nicht so wolle wie er.

Ich las Anton Alice' Aussagen vor. Auch danach konnte er sich an Einzelheiten nicht mehr erinnern. Der Gedanke, sie zu filmen, sei ihm gekommen, weil er kurz zuvor zufällig auf ein Video seines Vaters gestoßen sei, auf dem dieser eine Partnerin gefesselt und mit der Peitsche geschlagen hätte. Alice sei das erste Mädchen gewesen, mit dem er geschlafen hätte, er hätte wohl alles so machen wollen wie sein Vater.

Antons darauf folgende Frauen- und Bettgeschichten zeichneten sich durch eine bemitleidenswerte Ärmlichkeit aus. Bei der Hauptverhandlung hatte ich Gelegenheit, die meisten seiner späteren Sexpartnerinnen zu sehen: alles eher unscheinbare, reizlose junge Frauen, die er mit Geschenken überhäufte, für die er Besorgungen erledigte und Reparaturen vornahm und die ihn zur Belohnung auch einige Male in ihr Bett ließen. Mehr als fünf- oder sechsmal hatte er mit keiner von ihnen geschlafen. Nach einem halben Jahr war eine solche Geschichte spätestens zu Ende. Anton war der Auffassung, die Frauen verließen ihn, weil er beim Geschlechtsverkehr zu schnell, schon nach einer Minute oder zwei »abspritze«, also an einer Ejaculatio praecox leide.

Nora Windfuß sei, sagte Anton mir, ein ganz anderes Kaliber gewesen. Sie wurde in dem Prozess auch von den Zeugen, die sie kannten, als temperamentvoll, lebensfroh und kumpelhaft geschildert. Er hätte sie übers Internet kennen gelernt. Schon dass sie Bademeisterin in einem Schwimmbad war, hätte sein Interesse an ihr geweckt: Meist seien das hübsche Mädchen. Als er sie zum ersten Mal gesehen hätte, groß, schlank, ihren langen blonden Haaren und mit ansprechenden Rundungen an den richtigen Stellen, sei er gleich »hin und weg« gewesen. Am ersten Abend hätten sie sich nur gestreichelt und er hätte sie »massiert«, am zweiten hätten sie dann »ganz normal« miteinander geschlafen. Das hätte sich vier- oder fünfmal, immer nur an Wochenenden, wiederholt. Nach der ersten Liebesnacht hätte Nora ihm eine SMS geschickt, um ihm zu sagen, wie schön es für sie gewesen war. Bei näherer Befragung stellte sich freilich heraus, dass sie sich nach dem ersten Beischlaf gleich angezogen hatte und nach Hause gefahren war; die SMS schien eher eine Art Trostpflaster gewesen zu sein. Wenige Monate später, auf Antons Geburtstagsfeier, kam es zur Trennung: Nora ging nach diesem Fest mit einem anderen jungen Mann, den sie dort kennen gelernt hatte, nach Hause und verlobte sich bald darauf auch mit ihm. Nach einigen Monaten fand auch Anton eine neue Freundin, Tamara, eine junge Frau, die von dem Mann, von dem sie schwanger war, verlassen worden war. Auch mit ihr hatte er »drei- oder viermal« geschlafen, und er hoffte, dass sie einwilligen würde, mit ihm zusammenzuleben.

Am Nachmittag vor ihrer Ermordung hatte Nora telefonisch bei Anton ihren Besuch für den Abend angekündigt: Sie wollte ihm ihr Herz und ihren Kummer mit ihrem Verlobten ausschütten. Natür-

lich hatte Anton sich daraufhin Hoffnungen gemacht, wieder mit ihr schlafen zu können. Als sie kam, war Antons Bruder, der im gleichen, väterlichen Haus wohnte, gerade bei ihm. Anton sagte, und das wurde vom Bruder im Prozess auch bestätigt, dass Nora, gleich als sie die Wohnung betrat, ihren Rucksack auf »ihre« frühere Betthälfte warf. Danach hätten sie zu dritt gegessen und etwas Musik gehört, bis der Bruder zu sich hochgegangen sei.
Die Schilderung dessen, was sich daraufhin abgespielt hat, beruht allein auf Antons Angaben. Nora soll sich im Badezimmer für die Nacht umgezogen und sich im Schlafanzug ins Bett gelegt haben. Er, Anton, im Slip, hätte aus alter Gewohnheit angefangen, sie zu massieren, während sie sich darüber ausgeweint hätte, dass ihr Verlobter sich kaum um sie kümmere. Als er ihre Brüste berühren wollte, hätte sie seine Hände weggeschoben. Darüber sei es zum Streit gekommen. Er hätte ihr vorgeworfen, dass ihr Verlobter, »dieser Mistkerl«, alles mit ihr tun dürfe, was sie ihm verbiete, und schließlich hätte er ihr die Schlafanzugjacke zerrissen. Sie hätte ihn angeschrien, sie wolle das nicht, er solle sie in Ruhe lassen. Als er nicht darauf hörte und im Gegenteil versuchte, auch ihre Schlafanzughose herunterzuziehen, hätte sie ihn mit Fußtritten bombardiert, ihn beschimpft und ihm an den Kopf geworfen, sie hätte bei seinen Zärtlichkeiten nichts empfunden und auch Tamara hätte ihr erzählt, dass er sie nicht befriedigen könne. Daraufhin hätte er ihr »richtig eine geklebt«, ihre Hände mittels der Kabelbinder, die er als Elektriker immer in seiner Nachttischschublade liegen habe, an den Bettrahmen festgebunden und sich auf sie gelegt.
Sie hätte nun laut geschrien. Was dann genau geschah, daran hatte Anton keine klare Erinnerung mehr. Ungewiss blieb, ob er

sie gleich schon ein erstes Mal vergewaltigt hatte oder ob er sie erst knebelte, indem er ihr ihren Slip in den Mund steckte und dann urinieren ging, bevor er sich auf sie warf. Als er schließlich den Knebel entfernte, hätte sie nur noch gewimmert, er solle sie gehen lassen, worauf er geantwortet hätte, ihr könne ohnehin niemand mehr helfen. Irgendwann hätte er ihr, weil er das Gewimmer nicht mehr hören konnte, die Kehle mit einem Gürtel zugezogen, sei in sie eingedrungen und hätte bis zum Samenerguss »drauflosgebumst«. Erst danach hätte er gemerkt, dass er mit einer Toten geschlafen hätte, und er musste sich vor Ekel übergeben. Schließlich hätte er sich zusammengerissen, denn es wäre eine Menge zu tun gewesen: Er musste das Bettzeug wechseln, die Leiche beseitigen und ihr Auto wegschaffen, alles bis zum nächsten Morgen. Das verlief nicht ganz ohne Komplikationen: Er hätte die Leiche nicht geräuschlos durch das Treppenhaus tragen können, weil das zu eng war und sie mit dem Kopf oder den Füßen die Wand entlanggeschrammt wäre, so warf er sie über das Balkongitter, legte sie in den Kofferraum ihres Wagens, fuhr auf eine einsam gelegene Wiese, übergoss die Leiche mit Benzin und zündete sie an. Das Auto stellte er an ihrem zehn Kilometer entfernten Wohnort ab, von wo aus er zu Fuß zurücklaufen musste, da nachts kein Bus mehr fuhr. Am nächsten Morgen holte Tamara ihn ab und sie verbrachten den Vormittag damit, ein Doppelbett für sie auszusuchen, in dem auch er schlafen könnte, wenn er mal nachts bei ihr blieb. Noras Eltern und ihrem Verlobten, die bei ihm anriefen, weil sie wussten, dass sie ihn am Vorabend hatte besuchen wollen, und sie seither vermissten, sagte er, sie sei nur zwei Stunden bei ihm geblieben und dann wieder gefahren. Er selbst erkundigte sich besorgt bei gemeinsamen Bekannten nach

ihrem Verbleib. Ansonsten tat er so, als sei gar nichts geschehen. Zwei Tage später kam die Polizei und nahm ihn fest.
Ich fragte Anton natürlich danach, was an diesem Abend in ihm vorgegangen war, wie es zu dieser Tat hatte kommen können. Er sei plötzlich wütend geworden, als sie sich ihm verweigert hätte, und diese Wut hätte sich noch weiter gesteigert, als sie sich über seine Unfähigkeit, sie und seine anderen Freundinnen zu befriedigen, lustig machte. Als er sie daraufhin schlug und sie schrie, fürchtete er, die Nachbarn zu alarmieren, aber auch, dass sie ihn anzeigen würde, wenn er sie gehen ließ. Lust am Würgen, Lust am Töten hätte er zu keinem Augenblick verspürt. Auch in den Jahren zwischen den beiden Taten hätten ihn keinerlei Fantasien heimgesucht, eine Frau beim Sexualakt zu quälen oder sie gar zu würgen. Auf meine Frage, warum er ihr überhaupt Gewalt angetan hätte, antwortete er, als er ihren schönen Körper halb nackt gesehen hätte, sei er ganz geil geworden, und als sie ihn verspottet hätte, hätte er ihr beweisen wollen, dass sie Unrecht habe, und wie schön es sein könne, mit ihm zu »bumsen«. Selbst als er ihr schon mehrfach ins Gesicht geschlagen hatte, meinte er, ihr diesen Beweis noch erbringen zu können. Am Ende sei alles so schnell gegangen, diese Geilheit hätte sich mit seiner Angst vermischt, von ihr angezeigt zu werden, und er hätte sich nur dadurch zu helfen gewusst, dass er sie würgte und gleichzeitig mit Gewalt nahm. Erst als sie tot war, sei er wieder zu sich gekommen.
Anton stellte mir Noras Tötung also halb als Verdeckungsmord, halb als eine Art Kurzschlusshandlung im Affekt dar und wies die Vermutung zurück, es sei ein Lustmord, »zur Befriedigung des Geschlechtstriebes«, gewesen, wie der § 211 des Strafgesetzbuches es formuliert. Ich hatte keinerlei Möglichkeit zu überprüfen,

ob er mir da die Wahrheit sagte. Zweifel daran waren angebracht, nicht zuletzt weil Alice, sein erstes Opfer, das Gefühl gehabt hatte, gerade das Quälen mache ihm besonders Spaß.

Zwei Fragen stellten sich mir. Erstens: Wie war Anton zu einem Vergewaltiger und schließlich auch zu einem Mörder geworden? Und zweitens: Handelte es sich bei ihm um eine pathologische sexuelle Devianzform, eine Perversion sadistischer Prägung, die seine Steuerungsfähigkeit erheblich beeinträchtigte? Zweifellos fest stand nur, dass er ein höchst gefährlicher Täter war.

Nur wenige Mosaiksteinchen hatte ich gefunden, die vielleicht die Genese von Antons delinquentem Handlungsmuster klären helfen konnten. Misshandlungen oder gar sexuellem Missbrauch war er in seiner Kindheit und Jugend nicht ausgesetzt gewesen, die Eltern hätten sich liebevoll um ihn und um seinen Bruder gekümmert. Auch mit diesem Bruder vertrug er sich gut. Aber als Anton sieben Jahre alt wurde, hatte die Mutter die Familie mit einem Mitarbeiter des Vaters verlassen, und der Vater lebte seither mit wechselnden Freundinnen. Anton konnte der Mutter nicht verzeihen, dass sie weggegangen war, in seinen Augen blieb sie eine »Schlampe«. Gleichzeitig liebte er sie und telefonierte jede Woche mit ihr. Wollte er in den zwei Frauen, die er vergewaltigt hatte, seine Mutter bestrafen und gleichzeitig lieben?

Später, mit fünfzehn, sechzehn, also mitten in der Pubertät, waren ihm Videoszenen in die Hand gefallen, auf denen sein Vater seine Freundin fesselte und schlug: ein Antons noch unreife Sexualität mitprägender, nachhaltiger Eindruck, der überdies ein Echo in seiner Hassliebe zur Mutter fand. In seinem eigenen ersten sexuellen Erlebnis spielte er die Sadoszene des Vaters und seiner Freundin nach und zwang Alice, die schon Erfahrungen mit Männern hatte, ihn zu entjungfern – so als ob Gewalt auch noch zu dieser seitenverkehrten Szene gehören würde. Vermuten lässt sich, dass die prägende Kraft dieser Initiation die dunkle Seite von Antons Sexualität aufgeladen hat, den Gegenpol der langweiligen Zärtlichkeiten, von denen seine Partnerinnen meist schon nach kurzer Zeit genug hatten. Aber diese These hat auch ihre Schwächen, denn auf Alice' Vergewaltigung folgten neun Jahre gewaltfreier Sexualität, so dass die Prägung, wenn ich mit dieser Annahme überhaupt richtig lag, nur auf der Ebene vorerst ins Unbewusste verdrängter, tabuisierter Wünsche stattgefunden haben konnte. Jedenfalls war dieses ganze Gedankengebäude zu hypothetisch, um es dem Gericht als Sachverständigenmeinung andienen zu können.

Um die Antwort auf die Frage, ob eine krankheitswertige sexuelle Devianz bei Antons Tat wirksam gewesen war, kam ich aber nicht herum. Der Gesetzgeber hatte sie bei der großen Strafrechtsreform der sechziger Jahre unter dem Etikett einer »anderen schweren seelischen Abartigkeit« subsumiert, einem noch von der Sprache des Dritten Reiches inspirierten Begriff, der in Klemperers »lingua tertii imperii« mühelos seinen Platz gefunden haben könnte. Der verstorbene Hamburger Sexualforscher Schorsch hatte bei zwei Formen sexueller Devianzen eine erhebliche Verminderung der Steuerungsfähigkeit für wahrscheinlich erklärt: die eine, »progrediente«, wenn dranghafte Fantasien sadistischer, masochistischer, pädophiler oder fetischistischer Natur zunehmend von der Vorstellungswelt eines Menschen Besitz ergreifen bis sie schließlich auch gegen den Widerstand des Betroffenen handlungsrelevant werden, und eine zweite, wenn solche Fantasien trotz zwischenzeitlicher erfolgreicher Verdrängung in unbestimmten Zeitabständen als unvorhersehbare, überwältigende Impulshandlungen hervorbrechen. Nur diese letztere, impulsive Devianzform konnte bei Anton in Frage kommen.

Was die Vergewaltigungen angeht, konnte es sich in der Tat um solche Impulshandlungen gehandelt haben. War dies aber bei der Tötung selbst auch der Fall gewesen? Bevor es dazu gekommen war, hatte es eine Zäsur im Handlungsablauf gegeben: Nachdem Anton Nora geschlagen, gefesselt und ihr wahrscheinlich auch schon ein erstes Mal Gewalt angetan hatte, hatte er innegehalten und war »pinkeln« gegangen. Da er selbst sagte, er hätte Nora getötet, um sie daran zu hindern, zur Polizei zu gehen, sprach manches dafür, dass er sich das während seiner »Pinkelpause« klar gemacht hatte. Traf dies zu, so war er zwar nicht für die Vergewaltigung, aber doch für den Mord strafrechtlich voll verantwortlich. Aber ich konnte auch nicht ausschließen, dass Anton mir die Unwahrheit sagte: weil es für ihn leichter war, sich einen Verdeckungsmord als einen Lustmord einzugestehen. Waren Geschlechtsakt und Tötung gleichzeitig abgelaufen und bezog Anton seinen Lustgewinn vor allem aus dem Quälen und Töten selbst, wofür Alice' Eindruck bei ihrer Vergewaltigung sprach, dann lag dem ganzen Vorgang möglicherweise doch eine sadistische Impulshandlung zugrunde, die mit einer erheblichen Verminderung der Steuerungsfähigkeit einhergegangen war. Aus den mir zur Verfügung stehenden Informationen konnte ich allerdings nicht mit Gewissheit schließen, dass es wirklich so gewesen war. Die größere Wahrscheinlichkeit sprach zwar für eine solche Impulshandlung im Rahmen einer sadistischen Devianz, aber die letzte Entscheidung darüber, ob Anton über sein Tötungsmotiv tatsächlich die Kammer, mich und vielleicht sogar sich selbst belog, musste ich dem Gericht überlassen. Wenn das Gericht mir folgte und eine verminderte Schuldfähigkeit bejahte, waren die Voraussetzungen zu einer langfristigen Unterbringung auf einer forensischen Abteilung gegeben, verneinte es sie, so griffen die psychiatrischen Kriterien für eine Sicherheitsverwahrung.

Die meisten Gerichte, mit denen ich zusammenarbeite, sind es gewohnt, Entscheidungen zwischen verschiedenen Tatbestandsvarianten zu treffen, aus denen sich unterschiedliche forensische Folgerungen ergeben, die der Gutachter für sie natürlich herauszuarbeiten hat. Sie verlangen es diesem aber nicht ab, an ihrer Stelle tätig zu werden. Das kleinstädtische Schwurgericht, vor dem Anton stand, war damit jedoch offenbar überfordert. So wurde aus diesem Fall mein einziges Schuldfähigkeitsgutachten in einer jahrzehntelangen forensischen Tätigkeit, das vom Gericht nicht akzeptiert wurde. Es bestellte einen nicht promovierten Assistenzarzt eines Landeskrankenhauses als Zweitgutachter, der Anton eine völlige Schuldunfähigkeit attestierte und seine Unterbringung in einem psychiatrischen Krankenhaus vorschlug.

Natürlich war ich wütend, als ich das erfuhr, vor allem weil weder die Kammer noch der Staatsanwalt noch der Verteidiger nach dem Vortrag meiner Ergebnisse irgendwelche Zweifel an meinem Gutachten geäußert hatten. Am Ende des Gerichtstages schienen alle davon überzeugt, dass am nächsten Tag, auch aufgrund meines Gutachtens, ein Urteil verkündet werden würde. Zufällig erfuhr ich, dass der Verteidiger über Nacht auf den Einfall gekommen war, eine Wiederaufnahme der schon geschlossenen Beweisaufnahme zu verlangen, mit der Begründung, ein Gutachter müsse sich zwischen zwei aufgeführten Varianten entscheiden können. Es ging ihm darum, dass sein Mandant auf jeden Fall in den Maßregelvollzug und keinesfalls ins Gefängnis kam, denn er fürchtete wohl, das Gericht werde die Variante des Verdeckungsmordes wählen und nicht nur eine lebenslängliche Haftstrafe aussprechen, sondern auch eine »besondere Schwere der Schuld« feststellen, was eine Begnadigung erst nach zwanzig Jahren ermöglicht hätte, und auch das erst nach Prüfung der Rückfallgefahr.

Nachdem ich diese ungewohnte Demütigung hinuntergeschluckt hatte, sagte ich mir, die forensische Psychiatrie sei für Anton vielleicht wirklich eine bessere Lösung als das Gefängnis. Immerhin ließe sich dort ein Therapieversuch machen. Ihn für voll schuldunfähig zu erklären war dazu aber nicht nötig und entbehrte jeder Begründung. Es nahm Anton zudem die Möglichkeit, sich mit seiner Tat und ihren psychischen Voraussetzungen auseinander zu setzen und irgendwann so etwas wie Reue zu empfinden. Ich fürchtete sogar, dass ein solcher »Jagdschein«, wie die Schuldunfähigkeit im Volksmund heißt, noch die letzten Hemmungen vor einer Wiederholungstat niederreißen könnte: Auch in den forensischen Psychiatrien gibt es ja weibliches Personal. Sorge hatte ich auch, weil Anton nach einer neunjährigen Pause rückfällig geworden war und man somit befürchten musste, dass auch noch nach vielen Jahren der Unauffälligkeit wieder etwas Schreckliches passieren konnte.

Und was habe ich selbst empfunden, als ich mit Anton sprach? Mitgefühlt habe ich zuerst natürlich mit Nora, seinem Opfer. Aber sie bekam ich ja nicht zu Gesicht. Erst im Prozess erstand durch die Aussagen ihrer Eltern und Freunde das Bild eines hübschen, lebensfrohen, optimistischen, vielleicht etwas zu vertrauensseligen Mädchens, das von allen, die es kannten, gemocht wurde. Mit

Anton war ich hingegen mehrere Tage in intensive Gespräche vertieft, und so war meine Aufmerksamkeit eher ihm zugewandt. Daraus ergab sich eine strukturelle, gefühlsverzerrende Schieflage, der ich wie jeder andere Gutachter unterworfen war. Anton konnte, so wie er es Nora, seinem Opfer, zwischen Fesselung und Tötung gesagt hatte, wohl niemand mehr helfen. Mit dem, was ihm nun bevorstand, aber auch mit seiner Unbeholfenheit, mit seiner Ausgeliefertheit an seine plötzlich hervorbrechenden Triebgewalten hatte ich Mitleid. Gerne hätte ich ihm einen kompetenteren, beschützenderen Vater gewünscht, der ihm geholfen hätte, besser mit seinem »verborgenen, schuldigen Flussgott des Bluts« und »seinem furchtbaren Dreizack« umzugehen. Auch Anton erschien mir als Opfer, das ganze Geschehen hatte etwas von einer tragischen, atridischen Unerbittlichkeit, als müsse der Täter auf ein bestimmtes Stichwort hin die ganze schreckliche Szene nachspielen, weil sie so in seinem von seinen Genen und seinen kindlichen Erfahrungen verfassten Drehbuch steht. Aber da lasse ich mich wohl zu sehr von einer modischen Inszenierung des Trieb-, ja des Lebensschicksals mitreißen. Vielleicht ist es richtig, dass man ab einem bestimmten Punkt die eigenen Repliken nicht mehr verändern kann, aber bis dahin kann man doch wohl durch eigenen Entschluss die Szene wechseln – und das hilft, auch wenn diese andere Szene gleichfalls schon vorformuliert ist.

Der Liebeshochstapler

Auch Hubert Naribor, geborener Schulze, den ich innerhalb von fünfzehn Jahren dreimal begutachtete, hatte Frauen zum Geschlechtsverkehr gezwungen. Aber bei ihm fehlte die Unerbittlichkeit der Handlungsabläufe, die Anton Krumser zu seinen Taten getrieben hatte, und er suchte auch nicht den Macht- und Freiheitsrausch, dem Friedhelm Luft bei seinen Überfällen wie ein Süchtiger verfallen war. Naribor hielt sich vielmehr schlicht für unwiderstehlich – und musste sich dies doch immer wieder beweisen.

Zum ersten Mal sah ich ihn 1987 als Freigänger einer JVA, in der er seit fünf Jahren eine achtjährige Freiheitsstrafe wegen acht Vergewaltigungen absaß, drei von ihnen in Tateinheit mit Freiheitsberaubung. Er hatte die Aussetzung des Strafrestes zur Bewährung beantragt und ich sollte zur Rückfallgefahr Stellung nehmen. Da er bereits unbegleiteten Ausgang hatte, konnte die Untersuchung in meinem Arbeitszimmer stattfinden. Kaum saß er mir gegenüber, so drängte er auch schon auf eine zügige Bearbeitung, und auch meine Sekretärin, der er einen Blumenstrauß schenkte, hatte er im Nu dazu gebracht, mich alle zwei Tage zu fragen, ob ich mit seiner Begutachtung nicht endlich fertig sei.

Naribor stammte aus einem kleinen Harzstädtchen, der Vater war Bauingenieur, die Mutter technische Zeichnerin. Er war siebenundreißig Jahre alt, ohne abgeschlossene Berufsausbildung, und hatte noch zwei um vier bzw. vierzehn Jahre jüngere Schwestern. 1968 war er aus der DDR geflohen und hatte sich nach mehreren Zwischenstationen in Westberlin niedergelassen. Verurteilungen wegen Betrug, Diebstahl, Unterschlagung, Urkundenfälschung und Erpressung trugen ihm dort geringfügige Freiheitsstrafen ein, die zur Bewährung ausgesetzt wurden. 1972 wurde er bei einem Ostberlin-Besuch wegen Fluchthilfe festgenommen und kam für einige Jahre nach Bautzen, danach wurde er in die BRD abgeschoben. Zwei Jahre später kam es, nun wieder in Westberlin, zur Verurteilung wegen der Sexualdelikte. Eine in der Haft auf Korrespondenzbasis eingegangene Ehe war nie vollzogen und nach einem Jahr wieder geschieden worden, aber er war dabei seinen Familiennamen Schulze losgeworden und hieß seither Naribor.

Als ich Naribor traf, hatte er eine angeblich feste Beziehung zu einer 22-jährigen Altenpflegeschülerin, die er in der JVA als seine Verlobte, mir gegenüber als seine Freundin bezeichnete. Gleichzeitig gab es noch eine etwas ältere Frau, die sich um ihn kümmerte und bereit war, ihn bei Haftentlassung bei sich aufzunehmen. Und er war inzwischen bei seiner hundertdreißigsten Psychotherapiestunde bei häufig wechselnden, meist weiblichen Therapeuten angekommen, in einem höchst lockeren, nach seinen jeweiligen Wünschen ausgerichteten Setting. Die Kosten dafür

hatte die Bundesregierung übernommen, denn Naribor galt als politisch Verfolgter.
Wir sprachen zuerst über seine Kindheit und Jugend in der DDR.
Der Vater hätte getrunken, die Mutter ihn häufig geschlagen und ihm keinerlei Freiräume gelassen, er hätte bei der elterlichen Haustierhaltung mithelfen müssen und sei zudem zu Bauern in der Nachbarschaft zum Arbeiten geschickt worden, so dass er die Schulaufgaben vernachlässigen musste. Die daraus erwachsenen schlechten Noten hätten dann wieder zu Schlägen Anlass gegeben. Trotzdem hätten die Lehrer ihn zum Abitur führen wollen, der Vater hätte dies aber verhindert. Die Bevorzugung seiner jüngeren Schwestern wurmte ihn offenbar noch heute: Die Schwestern bekamen alles, Süßigkeiten, Spielzeug und elterliche Zärtlichkeit, er hingegen nichts. Die Mutter hätte ihn, wenn er in ihre Arme wollte, sogar weggestoßen. Mit acht Jahren hätte sie ihn aber, wenn der Vater weg war, in ihr Bett geholt zum »Kuscheln«, sie hätte ihn am Bauch gestreichelt und er hätte sie am Geschlechtsteil anfassen müssen. Die Mutter hätte ihm verboten, darüber zu sprechen; wenn er das täte, käme er in ein Erziehungsheim. Diese Drohung wirkte bis zum fünfzehnten Lebensjahr, drei- bis viermal in der Woche hätte die Mutter ihn zu sich gerufen, bis er anfing, sich für das andere Geschlecht zu interessieren. Danach seien seine nächstjüngere Schwester und später eine Cousine seine »Übungspartnerinnen« geworden, das habe ihm, anders als mit der Mutter, richtig Spaß gemacht.
Naribor erzählte mir das in einer Mischung aus wehleidiger Selbstbemitleidung und genüsslicher Prahlerei: Indem er darüber redete, schien er alles noch einmal auszukosten, so dass für

mich unklar blieb, was an diesen Geschichten der Wirklichkeit entsprach und was dazufantasiert war. Die Strenge und Lieblosigkeit des Vaters tauchte zwar schon in der Anamnese eines DDR-Gutachtens aus dem Jahre 1973 auf, von den inzestuösen Zärtlichkeiten der Mutter war da jedoch noch nicht die Rede, und auch nicht vom pubertären Geschwister- und Cousinensex. Aber das konnte natürlich auch daran liegen, dass es Naribor damals noch zu peinlich gewesen war, darüber zu reden. Inzwischen waren seine Erinnerungen durch die vielen Psychotherapiestunden wiederbelebt, oder aber, im Erwartungshorizont der Therapeutinnen, als schuldentlastende »false memory« auch erst entstanden. Diese Unsicherheit – man begegnet ihr bei Patienten, die eine oder gar mehrere Psychotherapien hinter sich haben, häufig – konnte ich vorerst nur registrieren. In einer psychoanalytisch inspirierten Therapie, deren Szene das Unbewusste ist, käme es zwar nicht so sehr darauf an, ob eine ins Bewusstsein gespülte Vorstellung das Vergangene realitätsgerecht wiedergibt oder aber nur eine für den neurotischen Konflikt relevante Fantasie widerspiegelt, bei einer forensischen Anamnese ist das jedoch anders, da möchte man wissen, was wirklich gewesen ist. Und das war bei Naribor, bei dem das ursprüngliche Geschehen durch unzählige Reformulierungen bei richterlichen und gutachterlichen Befragungen und bei psychotherapeutischen Sitzungen überdeckt war, kaum mehr herauszufinden.

Schwierig war es auch, sich ein Bild von Naribors Frauenbeziehungen vor seinen Sexualdelikten zu machen. Nach seinen Erzählungen war es ihm meist rasch gelungen, Frauen kennen zu lernen und mit ihnen zu schlafen, aber schon nach kurzer Zeit wurde er von ihnen regelmäßig verlassen. Entweder kehrten sie zu einem früheren Freund zurück oder sie suchten sich einen neuen. Er selbst war dementsprechend verbittert und enttäuscht, wenn er von ihnen im Stich gelassen wurde. Warum er von den Frauen immer wieder verlassen wurde, wusste er nicht zu sagen, diese Frage hatte er sich niemals gestellt.

Es war auch eine solche Zufallsbekanntschaft gewesen, die ihn, als er neunzehn war, überredet hatte, mit ihr aus der DDR zu fliehen. Im Westen angekommen sei er diesem Mädchen aber nicht mehr gut genug gewesen; sie sei mit ihrer Familie, die sie abholte, einfach verschwunden.

Weder die Akten noch die Angaben Naribors ließen den genauen Zeitpunkt des ersten Sexualdeliktes erkennen. Als ich ihn über

eine Verurteilung aus dem Jahre 1978 befragte, sagte er, eine Frau, mit der er mitgefahren sei, hätte ihn wegen sexueller Belästigung angezeigt, dies sei vom Gericht aber »widerlegt« worden und er wäre »nur« wegen Erpressung zu sechs Monaten verurteilt worden. Dies war offenbar kein Einzelfall. Ein anderes Mal hätte er einer Frau, die ihm Geld schuldete, gedroht, kompromittierende Aktbilder von ihr zu versenden, wenn sie nicht zahle. Da die Akten über diese Vorfälle nicht aufzufinden waren, ließ sich nicht feststellen, was damals wirklich geschehen war.

Ein Jahr bevor Naribor als Fluchthelfer festgenommen wurde, war er mit einer jungen Frau befreundet gewesen, die von ihm ein Kind bekam. Sie hätte ihn immer wieder betrogen, er ihr immer wieder verziehen, bis sie schließlich, unter Zurücklassung des Kindes, abgehauen sei. Er musste dann allerdings einräumen, dass er gegen Ende ihrer Beziehung ebenfalls fremdgegangen war. Erst danach hätte er mit seinen DDR-Reisen begonnen, zunächst nur um seine Eltern zu besuchen und sich mit ihnen auszusöhnen.

Der Anklageschrift und dem Urteil von 1973 zufolge, die mir wie das psychiatrische Gutachten vorlagen, war Naribor vom Februar bis Oktober 1972 116-mal mit Tagesgenehmigungen nach Ostberlin eingereist, hatte dort junge Mädchen und Frauen kennen gelernt und sie zu überreden versucht, die DDR illegal zu verlassen. Er soll einigen von ihnen angeboten haben, ihnen gefälschte Pässe zu beschaffen, mit denen sie über Bulgarien oder die ÈSSR ausreisen könnten, anderen, sie auf dem Transitweg direkt in die BRD zu schleusen. Mit den meisten der jungen Frauen ging er intime Verhältnisse ein. Von manchen der Frauen soll er sich auch Geld geliehen haben, ohne es zurückzugeben. Fast alle lehnten seine Schleuserangebote schließlich ab, bei einigen erledigte sich die Sache, wenn Naribor sich einer anderen Partnerin zuwandte. Liest man Anklageschrift und Urteil genau, so entsteht der Eindruck, er habe in Ostberlin eine »Idealfrau« gesucht, um sie in den Westen mitnehmen zu können. Seiner damaligen Gutachterin sagte er, die Mädchen in der DDR seien weniger kalt und egoistisch und würden deshalb bessere Ehefrauen und Mütter abgeben. Schließlich war es eine Sechzehnjährige, die er mit Hilfe eines Bekannten, der von ihm dafür einen Schuldschein über 6500 DM erhielt, über die Grenze in die BRD bringen lassen wollte. Das Mädchen wurde aber bei der Kontrolle entdeckt und gab bei der Vernehmung seinen Namen preis. Sie musste ihn dann anrufen und behaupten, sie sei schon in Helmstedt in Sicherheit. Das führte dazu, dass er selbst bei seinem nächsten Grenzübergang festgenommen wurde.

Verurteilt wurde Naribor schließlich wegen »staatsfeindlichen Menschenhandels« – so wurde der missglückte Schleusungsversuch juristisch eingeordnet –, wegen Anstiftung zu illegalem

Grenzübertritt und wegen unbefugtem Eindringen in die DDR (er hatte mehrfach bei seinen Besuchen die Berliner Stadtgrenze überschritten). Er erhielt, unter Anrechnung der einjährigen Untersuchungshaft, eine Freiheitsstrafe von sechs Jahren und zehn Monaten, von denen er vier Jahre absaß, die meiste Zeit in Bautzen, dann schob man ihn in die BRD ab.

Erstaunlich ist, dass Naribor vom schwerwiegendsten Anklagepunkt des »landesverräterischen Treuebruches« freigesprochen wurde. In der Anklageschrift war ihm noch vorgeworfen worden, den westlichen Geheimdiensten sehr detaillierte Angaben über sowjetische und NVA-Kasernengelände und Grenzschutzanlagen gemacht sowie auf von ihnen vorgelegten Fotos Stasimitarbeiter, Partei-, Wirtschafts- und Staatsfunktionäre identifiziert und genau beschrieben zu haben. Im Urteil wird demgegenüber festgehalten, dass »die Aussagen des Angeklagten vor diesen Geheimdienststellen nicht mehr zu bestimmen« seien, weshalb dieser Anklagepunkt wie auch der Vorwurf der Anstiftung zum Grenzübertritt fallen gelassen wurde. Die Annahme liegt nahe, dass die Stasi ihre Beweisunterlagen nicht in einer öffentlichen Hauptverhandlung gegen einen BRD-Bürger vorlegen wollte, der zudem noch von dem renommierten, auf Fluchthelferprozesse spezialisierten Anwalt Dr. Vogel verteidigt wurde. Naribor behauptete bei seinem ersten Gespräch mit mir, als ich die DDR-Unterlagen noch nicht kannte, dass die meisten Anklagepunkte auf Geschichten beruhen würden, die er sich ausgedacht hätte, um dem Vernehmungsdruck zu entgehen. Die Genauigkeit der in der Anklageschrift gegebenen Informationen, einschließlich der Namen und Adressen vieler Frauen, mit denen Naribor intime Beziehungen eingegangen war, lässt sich mit dieser Version jedoch nicht vereinbaren. Wahrscheinlicher ist, dass Naribor 1968 den westlichen Geheimdiensten wirklich alles erzählt hat, was er wusste, und versucht hat, dies fünf Jahre später vor der Stasi zu rekonstruieren. Wie dem auch gewesen sein mag: Der teilweise Freispruch belegt jedenfalls, dass das Urteil gegen Naribor bemüht war, zumindest den Anschein zu erwecken, in ihm würden die rechtsstaatlichen Normen der DDR gewahrt.

Das gilt auch für Naribors psychiatrische Begutachtung in Waldheim. Sie war veranlasst worden, weil er sich in der Untersuchungshaft »über die Regeln der bestehenden Hausordnung hinwegzusetzen versuchte«, arrogant und provozierend auftrat und schließlich »im Verwahrraum auf allen vieren herumlief und bellte«. Die psychiatrische Gutachterin erhob eine knappe, aber doch die wesentlichen Lebensstadien Naribors berücksichtigende Anamnese, beschrieb sein zunächst forderndes, aggressives Verhalten, das später nach »Einzelunterbringung« einer weitgehenden Angepasstheit wich, wenn Naribor auch immer noch versuchte sich aufzuspielen und sich auch nicht davon abbringen ließ, zu weiblichen Mitpatientinnen Kassiberkontakte zu suchen.

Charakterisiert wird er als geltungssüchtiger, egozentrischer und teilweise querulatorisch reagierender Mensch, dies aber im Rahmen einer akzentuierten Persönlichkeit, nicht einer krankheitswertigen Persönlichkeitsstörung. Nachdem die Gutachterin auch eine schizophrene Geisteskrankheit, ein manisch depressives Leiden und eine hirnorganische Beeinträchtigung ausschließen konnte, erklärte sie ihn für strafrechtlich voll verantwortlich. Ich selbst wäre damals wohl zum gleichen Ergebnis gekommen. Der moralisierende, manchmal etwas abschätzige Ton des Gutachtens, der einen heute unangenehm berührt, war keine DDR-Besonderheit. Man fand ihn zu jener Zeit auch in 90 % der psychiatrischen Gutachten Westdeutschlands.

Ich erzähle diese Fluchthelfergeschichte hier nicht nur deshalb so ausführlich, weil ein westdeutscher Sachverständiger nur selten Gelegenheit hat, DDR-Urteile und -Gutachten mit den eigenen juristischen bzw. psychiatrischen Maßstäben zu vergleichen. Durch diese folgenreiche Episode im Leben Naribors – die 116 Tagesbesuche in Ostberlin in etwas mehr als einem halben Jahr und die rasch wechselnden intimen Verhältnisse, die er dort einging –, wird auch noch einmal mehr belegt, wie sehr sein Leben auf Kontaktaufnahmen zu jungen Frauen ausgerichtet war. Das war schon in seinen ersten Jugendjahren so – sein Entschluss, die DDR zu verlassen, war ja auch durch einen solchen flüchtigen Kontakt motiviert –, und sein übermächtiges Kontaktbedürfnis setzte sich – wie noch zu zeigen sein wird – in seinen sexuellen Straftaten fort. Naribor agierte zu der Zeit wie ein Liebeshochstapler: Er setzte seinen beträchtlichen Charme ein und machte viele Versprechungen, um die Zuneigung von jungen Frauen zu gewinnen und um mit ihnen zu schlafen. Und er hatte in Ostberlin damals, mit seinen 24 Jahren und seinem guten Aussehen, viel Erfolg. Trotzdem bin ich mir nicht ganz sicher darin, was er eigentlich gesucht hat: angenehmen, zärtlichen Sex, unverbindliche Liebesbeziehungen, vielleicht auch ein sehr junges, noch unreifes Mädchen, um seine Westberliner Häuslichkeit damit auszustatten? Oder war dies alles nur Tarnung und er agierte als Angehöriger einer Organisation, die seine Fähigkeiten und Neigungen benutzte, um möglichst viele junge Menschen zum Verlassen der DDR zu bewegen?

In Bautzen war Naribor nach seinen eigenen Schilderungen strengen Haftbedingungen unterworfen: tagsüber Arbeiten in einer Werkstatt, abends Einzelhaft, einmal wöchentlich Fernsehen, einmal monatlich Kino. Von Folter oder Schlägen hat er mir nichts berichtet, wohl aber in seiner Haftentschädigungssache und bei späteren Psychotherapien. Daran kamen jedoch Zweifel auf, so dass die Staatsanwaltschaft Berlin – allerdings erst Jahre später – ein Verfahren wegen falscher eidesstattlicher Versicherung einleitete. Gegen Ende der Bautzener Haftzeit verfiel er in einen depressiven Zustand mit Essensverweigerung, woraufhin die Haftbedingungen erleichtert wurden. Naribor berichtete auch, dass er mehrfach Besuch aus der ständigen Vertretung der BRD in Ostberlin bekam. Im Bus, der ihn schließlich mit den anderen Haftentlassenen nach Westdeutschland brachte, bandelte er sofort wieder mit einer auch abgeschobenen Fluchthelferin an und verbrachte mit ihr, wie er behauptete, einige Liebesnächte. In den Akten fand ich aber die Aussage eines damals mit ihm entlassenen Häftlings, wonach dieses Mädchen sich über sexuelle Belästigungen durch Naribor beklagt hätte. Mir fiel es, wie bei fast allen von ihm berichteten Frauengeschichten, schwer, zu beurteilen, was an ihnen stimmte und was lediglich Prahlerei oder Schönfärberei war.

Nicht lange nach der Entlassung aus Bautzen begann die erste Serie der Sexualdelikte, derentwegen er nicht nur angeschuldigt, sondern auch rechtskräftig verurteilt wurde. Kurz zuvor war nach seinen Angaben der Versuch, mit einer jungen allein erziehenden Mutter zusammenzuleben, gescheitert, weil diese ihn – trotz des schon bestellten Aufgebots – mit anderen Männern betrogen hätte. Er hätte nun mit einer zu großen Wohnung dagesessen, die er nicht bezahlen konnte, und deshalb Annoncen aufgegeben, um Mitbewohner zu finden. Erst auf Nachfrage räumte Naribor ein, dass er in den Anzeigen ausdrücklich Frauen als Mitbewohnerinnen gesucht hatte. Es hätten sich sehr viele gemeldet, mit manchen von ihnen hätte er geschlafen, mit anderen nicht. Dabei sei es auch zu den Begegnungen gekommen, wegen derer er im Knast sitze. Er habe damals »ständig gesucht und nichts gefunden«.

Naribor verwendete dabei zwei verschiedene Techniken, um sich junge Frauen zugänglich zu machen: Er suchte durch Zeitungsanzeigen Mitbewohnerinnen zu gewinnen und gleichzeitig – unter dem Vorwand, er hätte seinen Führerschein verloren – Fahrerinnen für seinen Wagen. Die Situation, die er herstellen wollte, bestand darin, mit ihnen eine Nacht in seiner Wohnung oder in einem Hotelzimmer zu verbringen. Er war von seiner männlichen Anziehungskraft so überzeugt, dass er meinte, alles andere werde sich dann von selbst ergeben. Bei den meisten Frauen hätte das auch reibungslos geklappt, sagte er. Einige hätten allerdings nur Schmusen oder Petting zugelassen, und dann sei er manchmal wohl etwas zu weit gegangen. Wenn er aber – zugegeben unter etwas Druck – mit ihnen den Geschlechtsakt vollzogen hätte, hätten sie – genau wie die, die es von vornherein freiwillig machten – wie verrückt gestöhnt und »ihren Orgasmus eingefahren«. Es hätte unter ihnen auch welche gegeben, die beim ersten Mal zunächst nicht gewollt, ihn im Laufe der Nacht aber gebeten hätten, »es ihnen noch einmal zu machen«. Am nächsten Morgen hätten sie dann gemütlich gefrühstückt und er hätte sie heimgefahren. Trotzdem hätten einige von ihnen ihn hinterher angezeigt. Das hätte er damals nicht verstanden. Durch die Therapiestunden wisse er nun aber, dass auch nur »ein bisschen Druck« verboten sei, weil manche dann nur aus Angst mitmachen. Als ich Naribor mit den Schilderungen der Frauen in den Akten konfrontierte: dass er in einem Falle die Wohnungstür und in einem anderen die Hotelzimmertür abgeschlossen und den Schlüssel versteckt hätte, versuchte er diesen Vorwurf durch die Behauptung abzuschwächen, er hätte die Frauen nachts trotzdem auf die Toilette gehen lassen. Und eine von ihnen hätte er morgens, als er für sie beide Brötchen holen ging, während sie noch schlief, nur versehentlich eingeschlossen, ein zweiter Schlüssel hätte am Schlüsselbord gehangen, sie habe es nur nicht bemerkt. Als er bei seiner Rückkehr: »Schatzi, hier ist das Frühstück«, gerufen hätte, sei die Polizei schon in seiner Wohnung gewesen und hätte ihn festgenommen. Er war an dem Morgen überzeugt gewesen, die junge Frau hätte ihm nachträglich, weil sie seine ihr zunächst aufgezwungenen Zärtlichkeiten schließlich doch genossen hätte, Absolution erteilt.

So erinnern Naribors Delikte an »geschlechtsspezifische Situationsverkennungen«, wie Schorsch sie bei manchen Vergewaltigern beschrieben hat. Mir fielen dazu aber auch einige Berichte von 1945 vergewaltigten Frauen ein, dass es gerade das Schlimmste für sie gewesen sei, dass sie körperliche Lustempfindungen dabei nicht völlig hatten unterdrücken können.

In meinem ersten Gutachten versuchte ich eine biografische Deutung von Naribors sexueller Delinquenz: Die Einschränkungen und Einengungen, die er in seinem Elternhaus erfuhr, hätten zu einem besonders starken Bedürfnis nach Autonomie und weiträumiger Lebensgestaltung geführt, das Geducktwerden durch den Vater zu einem besonders intensiven Wunsch, sich durchzusetzen, der sexuelle Zwang der Mutter zum Drang, Sexualität allein nach seinen eigenen Vorstellungen und Wünschen zu gestalten. Und dass er immer wieder von Frauen betrogen und verlassen wurde, hätte seinen Wunsch, sich Frauen dienstbar zu machen, noch verstärkt. Heute, zwanzig Jahre später, frage ich mich, ob diese Lebensgeschichte nicht auch, wenigstens in Teilabschnitten, ein selbstentlastendes Psychotherapieprodukt war. Gültig scheint mir aber immer noch die damals getroffene Feststellung, Naribor sei von der Wunschvorstellung besessen gewesen, die ihm zugleich als Entschuldigung diente, alle Frauen befriedigen zu können. Frauen erschienen ihm als sexuelle Maschinen, die er mit seinem Zauberschlüssel jederzeit anwerfen konnte – auch wenn sie von ihm gegen ihren Willen zum Geschlechtsverkehr gezwungen wurden. Gleichwohl entsprangen seine Vergewaltigungshandlungen wohl nicht einer gefestigten Überzeugung, dies sei wirklich so, auch wenn seine unbezweifelbaren Erfolge bei vielen Frauen es ihm manchmal vorgaukeln mochten. Eine innere Unsicherheit zwang ihn vielmehr, sich das immer wieder zu beweisen.

Das hatte ich damals aber noch nicht verstanden. Ich empfahl, Naribor, der schon jahrelang Freigänger war, ohne dass es zu einem Rückfall gekommen wäre, achtzehn Monate vor Ablauf seiner Strafe auf Bewährung zu entlassen. Kaum war die Bewährung zu Ende, beging er auch schon seine nächste Straftat. Die Vorgehensweise war eine Variante der schon bekannten: Er antwortete auf eine Wohnungsanzeige einer Frau und bot ihr das Zimmer, in dem er Untermieter war, an. Nach einem gemeinsamen Abendessen schloss er die Tür ab und zwang sie ihrer Aussage zufolge dazu, mit ihm zu schlafen. Eine weitere Vergewaltigungsanzeige unter ganz ähnlichen Umständen folgte zwei Monate später.

Der Polizei gegenüber gab Naribor an, die Frauen hätten selbst die Initiative zum Geschlechtsverkehr ergriffen, eine Version, die von der Wohnungsinhaberin zunächst gestützt wurde: Diese gab an, sie hätte die Frauen nackt auf die Toilette gehen sehen und auch deren Lustschreie gehört. Wenn etwas gegen ihren Willen geschehen wäre, hätten sie jederzeit um Hilfe rufen können. So wurden diese Verfahren zunächst nicht weiterverfolgt. Erst als nach einem weiteren Monat eine dritte Frau ihn beschuldigte, sie auf einem Jugoslawienurlaub vergewaltigt und ihr, um sie gefügig zu halten, das Flugticket für ein paar Tage abgenommen zu haben, erging gegen ihn Haftbefehl. Dem entzog er sich durch eine Flucht nach Spanien, bei der ihn eine Freundin begleitete, mit der er zu dieser Zeit ein festes Verhältnis hatte. Erst 1993 wurde er ausgeliefert und es kam zu einem Verfahren, bei dem auch die beiden anderen Vergewaltigungsanzeigen berücksichtigt wurden. Und so erstattete ich mein zweites Gutachten.

Bei der Hauptverhandlung musste die Wohnungsvermieterin ihre Aussage bei der Polizei korrigieren: Es konnte ihr nachgewiesen werden, dass sie an den Abenden, an denen die Vergewaltigungen stattgefunden hatten, gar nicht am Orte gewesen war. Sie musste ferner zugeben, mit Naribor ein Verhältnis unterhalten zu haben. Sie hätte ihn entlastet, weil sie ihm eine Vergewaltigung nicht zutraute. Auf Rat seines Anwaltes räumte Naribor daraufhin alle drei Vergewaltigungen im Kern ein: Er sei wohl wieder »etwas zu weit gegangen«. Ich erklärte ihn für strafrechtlich voll verantwortlich und sah auch eine Wiederholungsgefahr gegeben. Das Gericht verurteilte ihn zu einer knapp dreijährigen Freiheitsstrafe, verhängte aber keine Sicherheitsverwahrung und gewährte ihm, in Verbindung mit einer Therapieauflage, zunächst sogar

Haftverschonung. Die nutzte er, um eine junge Polin kennen zu lernen und zu heiraten. Es folgte ein jahrelanger Kampf zwischen der Staatsanwaltschaft, die auf eine Verbüßung drängte, und dem Anwalt Naribors, der das mit allen juristischen Mitteln zu verhindern suchte. So ergab sich, dass Naribor im Wechsel einige Monate im Knast und einige Monate wieder draußen war. Zu weiteren Straftaten kam es in dieser Zeit nicht. Als er wieder einmal einsaß – es ging um die letzten Monate der Strafe –, hatte ich zu beurteilen, ob er in den Freigang verlegt werden könnte. Da er im Freigang nie straffällig geworden war, habe ich das bejaht. Seither habe ich nichts mehr von Naribor gehört.

Kurz danach wurden die strafrechtlichen Bestimmungen gegen Sexualtäter verschärft und die Verhängung von Sicherheitsverwahrung gegen sie erleichtert. Intelligent und anpassungsfähig, wie er war, hat er sich vielleicht andere Selbstverwirklichungsformen gesucht, um sein Geltungsstreben und seine Gefallsucht zu befriedigen.

Ich war nicht unzufrieden, dass er nach fünfzehn Jahren aus meinem Gesichtskreis verschwand. Seine Prahlerei, seine allzu dreisten Versuche, alle Welt, auch mich für sich einzuspannen, gingen mir immer mehr auf die Nerven, so dass ich der zunehmend überhand nehmenden Abneigung gegen ihn bewusst entgegensteuern musste. Mit seinem Bedürfnis, der kleinen, engen Welt, in der er groß geworden war, zu entfliehen und auf Abenteuerreisen zu gehen, konnte ich mich dagegen gut identifizieren. Und ich beneidete ihn auch etwas um seine leichtfüßigen Erfolge bei Frauen – bis ich bei der Hauptverhandlung die Riege seiner Freundinnen aufmarschieren sah: wie seine Opfer meist wenig ansprechende Geschöpfe.

Public enemy number one

Den Mann, über den ich als Nächsten berichten werde, hatte man des Mordversuches angeklagt. Kurz vor Geschäftsschluss war ein Großmarkt an der niederländischen Grenze von einem zunächst unerkannt gebliebenen jüngeren Mann überfallen worden, der dabei über 40 000 DM und 10 000 holländische Gulden erbeutet hatte. Der Detektiv des Marktes war hinter dem flüchtenden Täter hergelaufen, der maskierte Mann hatte aber auf ihn geschossen und ihn an der Schulter verletzt, so dass er die Verfolgung aufgeben musste. Ein halbes Jahr später gab ein festgenommener Kokaindealer, in der Hoffnung auf eine niedrigere Strafe, der Polizei einen Hinweis: Der Kassenräuber bei dem damaligen Überfall sei der Kanadier Bernwart Großmann gewesen. Als Beleg für seine Behauptung führte er an, Großmann fahre seit kurzem in einem Porsche herum und verteile an alle seine Freunde Geld. Außerdem prahle er in Kriminellenkreisen mit seiner Tat. Bei einer daraufhin veranlassten Durchsuchung von Großmanns Haus wurde nicht nur Geld gefunden, sondern auch eine handgenähte Maske, in der ein paar seiner Haare hängen geblieben waren, sowie eine

Pistole, deren Kaliber dem der am Tatort liegen gebliebenen Patronenhülsen entsprach. Ein Schusswaffenexperte bestätigte, dass das in der Schulter des Detektivs stecken gebliebene Projektil aus dieser Waffe abgefeuert worden war.

Gleichwohl leugnete Großmann auch angesichts solcher erdrückenden Indizien mit dem Überfall irgendetwas zu tun zu haben.

Es dauerte lange, bis der Prozess beginnen konnte. Die Akten über Großmanns Vorstrafen in Kanada kamen mit großer Verzögerung angetröpfelt. Aus ihnen ergab sich, dass die kriminal-anamnestischen Voraussetzungen für eine Sicherheitsverwahrung, was die Zahl und Dauer der Vorstrafen betraf, zumindest dann erfüllt waren, wenn der kanadische Strafrahmen für die begangenen Delikte vom deutschen nicht zu stark abwich. Das zu erkunden war Sache des Gerichtes. Aber es musste auch festgestellt werden, ob bei dem Täter ein Hang zu gefährlichen Straftaten gegeben war, und so erging an mich der entsprechende Gutachtenauftrag. Da Großmann zudem als regelmäßiger Haschischkonsument galt, stellte sich überdies die Frage nach seiner strafrechtlichen Verantwortung.

Ich schlug mich ziemlich lange mit den englischsprachigen Aktenordnern aus Kanada herum. Die Unterlagen über eine erste Verurteilung 1969 wegen einer Serie von bewaffneten Überfällen zu einer Gefängnisstrafe von achtzehn Jahren – Großmann war da gerade neunzehn – waren nicht mehr verfügbar, und in den Folgeverurteilungen wurde diese Sache nur kurz erwähnt. 1977 war Großmann aus dem Gefängnis ausgebrochen und nach Montreal gezogen. Eine Vielzahl von Überfällen, manche davon mit Kidnapping, trugen ihm 1979 eine 36-jährige

Strafe ein. Im Gefängnis kamen noch Verurteilungen wegen Meuterei, Geiselnahme, Ausbruch und Schusswaffengebrauch im Gerichtssaal hinzu, die ihm weitere zehn Jahre einbrachten. So hätte Großmann wohl bis in sein hohes Alter im Gefängnis gesessen, wenn eine bekannte Strafverteidigerin nicht auf einen gravierenden Formfehler im letzten Urteil gestoßen wäre, das alle Einzelstrafen zu einem »lebenslänglich« zusammengefasst hatte. Der Gefangene wurde daraufhin unter der Bedingung freigelassen, dass er für immer das Land verließ und nach Deutschland zurückkehrte.

Natürlich hatte ich nach der Aktenlektüre etwas Angst, dass Großmann die Chance eines Vieraugengespräches mit mir zu einem weiteren Ausbruch nutzen und mich dafür als Geisel nehmen könnte. Er muss das gemerkt haben, denn er sagte, als der Beamte, der ihn brachte, uns im Zimmer allein ließ, in einem leicht frotzelnden Tonfall, ich solle mir keine Sorgen machen, ich hätte ihm nichts getan und so werde er auch mir nichts tun. Außerdem hätte sein Anwalt mich ihm als bestdenkbaren Gutachter empfohlen.

Großmann erzählte mir seine Lebensgeschichte in einem deutsch-englischen Kauderwelsch. Seine ersten sieben oder acht Lebensjahre hätte er in einem Waisenhaus verbracht, ohne zu wissen, wer sein Vater und wer seine Mutter war. Im Waisenhaus sei es brutal und lieblos zugegangen, es hätte eine militärische Zucht und Ordnung geherrscht, auch körperliche Züchtigungen seien keine Seltenheit gewesen. Als jüngster Pensionär hätte er vor den anderen, die alle stärker waren als er, ständig Angst gehabt, besonders vor einem dreizehn- oder vierzehnjährigen Jungen, der ihm einmal die Hosen runtergezogen und ihn berührt hätte, ja er habe sogar gefürchtet, der könne ihn umbringen. Nur die Köchin hätte freundlich mit ihm geredet und ihn auch manchmal getröstet, aber in den Arm genommen hätte auch sie ihn nicht. Freunde hätte er im Waisenhaus nicht gehabt. Wenn die anderen zur Schule gingen, blieb er als der Jüngste allein im Haus zurück, seinen Träumereien überlassen. Im letzten Jahr, als auch er schon zur Schule ging, sei er gehänselt und geschlagen worden. Da hätte ihn ein vierzehnjähriges Mädchen, mit dem er den gleichen Schulweg hatte, verteidigt. Aber näher gekommen sei er auch ihr nicht, dazu war der Altersunterschied zu groß. Ständig hätte er das Gefühl gehabt, nicht am richtigen Ort zu sein, und nur gehofft, dass irgendwann irgendjemand kommen und ihn dort rausholen würde. Öfter wäre er nachts über die Umzäunung geklettert und hätte sich im angrenzenden Wald versteckt, bis ihn die Erzieher gefunden und zurückgebracht hätten.

Durch Großmann bekam ich erstmals anschaulich vor Augen geführt, wie einem kleinen Kind zumute ist, das seine Eltern und seine Herkunft nicht kennt und im kasernierten Umfeld eines Internates heranwachsen muss. Schutzlos den Hänseleien und dem Zugriff der Stärkeren ausgesetzt, ohne sichernde Rückzugsräume, blieb ihm nur die Flucht in illusionäre Erlösungsträumereien.

Bei Großmann schienen sie sogar in Erfüllung zu gehen. Mit sieben Jahren bekam er zum ersten Mal einen Brief von seiner Mutter. Sie schrieb ihm aus Kanada, wo sie seit mehreren Jahren verheiratet war, und versprach, ihn bald dorthin nachzuholen. Der Junge sah in seinen Tagträumen eine schlossartige Villa in einem riesigen Park vor sich, luxuriöse Wagen, eine liebevoll zärtliche Mutter und einen mächtigen, gütigen Vater, der alle Unbill von ihm fern hielt.

Ein paar Monate später wurde er tatsächlich nach Hamburg gebracht und dem Kapitän der »Queen Mary« übergeben. Doch die Mutter stand nicht, wie in seinen Träumen, am Hafen, um ihn in der neuen Welt willkommen zu heißen. Ein Schneesturm hatte die Straßen unpassierbar gemacht hatte. Zwei Tage musste er in einem Polizeikommissariat auf besseres Wetter warten und wurde dann in einen Zug gesetzt. Erst an der kleinen Eisenbahnstation, wo ihn der Schaffner aussteigen ließ, nahm ihn schließlich seine Mutter in Empfang. Ihre ersten Worte seien Vorwürfe gewesen: weil er sie unter den auf dem Bahnsteig wartenden Frauen nicht gleich erkannt hatte. Dabei war er zwei Jahre alt gewesen, als sie zum letzten Mal im Waisenhaus gewesen war, und hatte natürlich keinerlei Erinnerung mehr daran. Auch war sie ärmlich angezogen und ähnelte nicht im Geringsten der Schlossherrin, von der er geträumt hatte. Als er sich daraufhin scheute, sie zu umarmen, sagte sie: »Das ist nicht mein Junge, das ist jemand anderes.«

In einem klapprigen, halb verrosteten Auto fuhren sie zu dem Haus, das sie jetzt zusammen bewohnen sollten: eine baufällige Holzhütte, ohne Bad, ohne fließendes Wasser, mit einem Toilettenhäuschen draußen nebenan. Er hatte ein Zimmer mit einem um zwei Jahre jüngeren Bruder und einer vierjährigen Schwester zu teilen, ein zweites ganz kleines Mädchen, noch ein Baby, schlief bei den Eltern.

Der Stiefvater war Bauarbeiter, hatte aber nicht immer Arbeit, die Mutter trank, und wenn nicht genug Geld zum Essen da war, wurden die Kinder dazu angehalten, im Laden etwas zu klauen. Das waren Bernwarts erste Delikte, bei denen er aber nicht erwischt wurde. Zwischen den Eltern bestand eine strikte Arbeitsteilung: Der Vater war für Arbeit und Geldverdienen zuständig, die Mutter für den Haushalt und die Kindererziehung. Sie erwies sich, wie Großmann berichtete, als gefühlskalt, unberechenbar und gewalttätig. Er hatte eine Narbe an der Kehle, von der sie einmal im Zorn sagte, sie hätte sie ihm beigebracht, um ihn zu töten, weil er als Baby zu laut und zu viel geschrien hätte, und wenn er ihr jetzt nicht gehorche, könne sie so etwas durchaus wiederholen. Und tatsächlich hätte sie einmal, ein Metzgermesser in der Hand, alle ihre Kinder im Schlafanzug bei minus 20 Grad nach draußen in den Schnee getrieben, als die abends vor dem Fernseher zu laut gelacht hätten. Dort wären sie erfroren, wenn nicht zufällig ein Polizeiauto vorbeigekommen wäre, sie eingesammelt und zu Hause abgeliefert hätte. Der Stiefvater hätte die Mutter zwar manchmal etwas zu besänftigen versucht, sich aber in der Regel nicht eingemischt.

Die ersten Jahre waren für Bernwart die schwersten. Der Junge verstand kein Wort Englisch, als er nach Kanada kam. In der Schule wurde er deshalb gehänselt und bekam zudem als deutscher »Nazi« öfter Klassenkeile. Er hatte den Verdacht, dass sein Bruder Benny die Mitschüler aus Eifersucht gegen ihn aufgehetzt hatte. So war er wieder unglücklich, diesmal aber ohne Erlösungshoffnung.

Zunächst wurde er wegen seiner fehlenden Englischkenntnisse um ein Jahr zurückgestuft, später übersprang er zwei Klassen. Mit der Pubertät wuchsen auch seine Körperkräfte. Das vermittelte ihm die Gewissheit, er verfüge über genügend Mittel, um es ihnen allen eines Tages heimzuzahlen.

Mit fünfzehn beendete er die Schule und zog von zu Hause aus, als er Arbeit in einer Möbelfabrik fand. Bald danach geriet er an eine Jugendbande. Zuerst stand er bei Wohnungseinbrüchen nur Schmiere, später beteiligte er sich und versteckte auch das Diebesgut auf dem elterlichen Anwesen, wo es bei einer Durchsuchung gefunden wurde. Erst mit der Zeit sei ihm klar geworden, sagte er mir, dass Einbrüche in Wohnungen bei den Menschen, die sich in ihnen sicher und zu Hause gefühlt hatten, schwere seelische Erschütterungen hervorrufen: Als er seine eigenen Räubereien begann, hätte er sich deshalb immer auf Geschäftsräume beschränkt. In Wohnungen einzudringen sei ein schweres Verbrechen.

Diese erste Deliktserie trug ihm eine Verurteilung zu sechs Monaten in einem »offenen Jugendgefängnis« ein. In diesem gab es viele Schlägereien, die meisten Insassen waren älter und stärker als er, so entfloh er bereits nach drei Tagen nach Toronto. Dort stahl er ein Auto, mit dem er zum Gefängnis zurückkehrte, um dort einen Kumpel abzuholen, mit dem er sich etwas angefreundet hatte. Sie landeten nach einigen Kilometern im Straßengraben. Er ließ seinen Freund zurück, um ein anderes Auto zu besorgen. Als er damit zurückkam, war der Kumpel verschwunden: Er hatte sich, wie er später erfuhr, selbst gestellt. Bernwart war dabei, das Gleiche zu tun, doch da fand er im Handschuhfach des gerade gestohlenen Fahrzeuges 25 000 Dollar. Und obwohl er in diesem Auto noch lange hätte herumfahren können, kaufte er sich einen eigenen Wagen, denn: »Wenn Sie Geld haben, sind Sie ein ehrlicher Mann«, sagte er. Aber statt das Weite zu suchen, versuchte er seinen Kumpel in der Nähe des Gefängnisses wieder zu finden, und dabei wurde er festgenommen. Er bekam zwei Jahre, die Höchststrafe, die es gerade noch gestattete, ihn statt ins Gefängnis in ein geschlossenes Erziehungsheim zu schicken.

Das war, nach Bernwart Großmanns Schilderungen, die wahre Hölle. 900 Jugendliche waren dort eingeschlossen, er kam in eine Isolierzelle im Keller, mit einem Loch im Fußboden als Klo. Bei seiner Ankunft wurde er von den »Erziehern« geschlagen, sie rissen ihm die Kleider vom Leib und verpassten ihm die uniforme Insassenkleidung. Als der Direktor in seine Zelle kam, warf er »eine Tasse mit Pisse« auf ihn. Später musste er zusammen mit anderen Disziplinarfällen Erde in Loren transportieren, bewacht von bewaffneten Männern. Viele der so »disziplinierten« Jugendlichen hätten Selbstmord begangen. Sexuelle Attacken durch andere Insassen seien in dieser Erziehungsanstalt an der Tagesordnung gewesen. Um dem zu entgehen, gab es nur das Mittel, den anderen durch Gewalt Angst einzujagen, und das hätte er getan, auch um den Preis, dass er nun von den Wächtern als Gewalttäter eingestuft wurde und jede Strafverkürzung abschreiben musste.

Nach seiner Freilassung erzählte er einem Torontoer Journalisten gegen ein Taschengeld, was er alles im Heim erlebt hatte, und der machte daraus eine Artikelserie.

Natürlich kam mir der Verdacht, die Geschichte, die ich jetzt von ihm hörte, spiegele eher seine Erinnerung an diese Artikel als sein eigenes unmittelbares Erleben wider. Ein Verdacht, der seinen Widerhall in meiner Erfahrung mit meinen eigenen Erinnerungen fand: Hatte ich mich doch öfter dabei ertappt, dass sich auch die »Wahrheit« meiner Vietnamjahre, ja die meiner ganzen Lebensgeschichte aus den Büchern speiste, die ich darüber geschrieben und veröffentlicht hatte. Vielleicht hatte auch Großmann seine Geschichte dramaturgischen Gesetzen unterworfen, vielleicht sogar manches übertrieben, um seine Story dem Zeitungsmann schmackhafter zu machen. Jedenfalls hatte er mit seiner Geschichte insofern Erfolg, dass der Journalist ihm eine Anstellung beim Abonnentenservice des Blattes vermittelte. Dort lernte er seine erste Freundin kennen, eine junge Indianerin, die Lehrerin werden wollte und an der Zeitung ein Praktikum machte. Um ihr zu imponieren, wollte er sich schicke Kleider kaufen, was über seine finanziellen Mittel ging. Aber ihr waren solche Äußerlichkeiten egal, »sie liebte mich so, wie ich war«, sagte er, zum ersten Mal sei ein kleiner Widerschein von Glück auf ihn gefallen. Als man von ihm verlangte, auch die Ausweispapiere der Leute zu kontrollieren, die in die Redaktionsräume hereinwollten, weigerte er sich, weil er kein Hilfspolizist sein wollte, und verlor seine Stelle. Aus Geldmangel klaute er Lebensmittel in einem Supermarkt und musste, nachdem er erwischt worden war, sich wöchentlich bei der Polizei melden. Das rief viele unangenehme Erinnerungen in ihm wach und brachte ihn dazu, Toronto zu verlassen und an die Westküste nach Vancouver zu trampen. Den Kontakt zum Elternhaus hatte er inzwischen völlig verloren.

Die Trampfahrt quer durch den ganzen nordamerikanischen Subkontinent sei, so Großmann, »die einzige Zeit gewesen, wo ich wirklich frei war«. In Vancouver fand er zwar Arbeit, zerstritt sich aber mit seinem Vorarbeiter und flog deshalb heraus. Aus Wut darüber, aber auch auf die Mutter und die Erziehungsanstalt kaufte er sich einen Revolver und begann Hotels zu berauben. Als das gut ging, versuchte er es mit Banken und hatte auch da zwölf Mal Erfolg. Im Radio und im Fernsehen sprach man fast täglich von ihm als von einem tollkühnen Täter. »Indem ich das tat«, sagte Großmann, »fand ich überhaupt erst meine Identität, ich spürte mich, wenn sie im Fernsehen von mir redeten, vorher war ich nur ein Nobody.«

Bei dem letzten Bankraub dieser Serie wurde Alarm ausgelöst und Großmann schoss auf zwei Polizisten. Er hätte sie nicht töten, sondern nur verhindern wollen, dass sie ihn erschießen. Einer der Beamten wurde verletzt. Während der andere sich um seinen am Boden liegenden Kollegen kümmerte, konnte Großmann mit dem Geld entkommen. Bei der nun einsetzenden Verfolgungsjagd nahm er einen Taxi- und mehrere Autofahrer hintereinander als Geiseln. Schließlich ließ er sich zum Yachthafen bringen und kaperte eine luxuriöse Motoryacht. Deren Besitzer war, wie der Zufall so spielt, der Präsident der Bank, die er gerade überfallen hatte. Großmann zwang ihn, nach Süden zum nächsten US-amerikanischen Hafen zu fahren. Dort wurden sie allerdings schon erwartet und er bekam eine zwanzigjährige Haftstrafe.

Im Gefängnis nahm er schon bald ein paar Wächter als Geisel und versuchte sich so den Weg zurück in die Freiheit zu erzwingen. Das scheiterte und man verlegte ihn in ein Hochsicherheitsgefängnis nach Quebec. Nach mehreren vergeblichen Geiselnahmen gelang ihm 1978 nach acht Jahren Haft die Flucht. Dem folgte ein gutes Dutzend erfolgreicher Banküberfälle innerhalb von 90 Tagen, die aus Großmann vollends einen Star machten: Das Fernsehen erklärte ihn zu Kanadas »Public enemy number one«. Bei einem der Überfälle kaperte er zusammen mit einer Freundin einen Hubschrauber. »Ich bin dann wie ein Vogel heruntergeschwebt und wir sind auf einem Parkplatz vor der Bank gelandet. Das Mädchen hat auf den Piloten aufgepasst und ich habe das Geld rausgeholt. Dann waren wir wieder in den Wolken verschwunden«, so erzählte mir Großmann diese unglaubliche Geschichte. Bei den Vorbereitungen für den nächsten Hubschrauberangriff – diesmal wollte er Freunde aus dem Hochsicherheits-

trakt herausholen – wurde er aber festgenommen: Einer seiner Freunde hatte den Mund nicht halten können.
Von 1979 bis 1984, fünf Jahre, saß Großmann dann wieder in dem festungsartigen Quebecer Gefängnis ein. Mehrere Ausbruchsversuche scheiterten. Einmal kam er aus dem Haus, aber nicht aus der Umzäunung heraus, ein anderes Mal stiftete er eine groß angelegte Gefangenenmeuterei an, bei der zwölf Wächter als Geisel genommen wurden und schließlich die Armee anrücken musste, um die Meuterer zu entwaffnen. Warum er – das war sein letztes Husarenstück in Kanada – im Gerichtssaal auf den Richter geschossen hatte, war ihm selbst nicht mehr ganz klar. Dass er sich den Weg nach draußen nicht freischießen konnte, hätte er gewusst: An jeder Tür hätten zwei bewaffnete Polizisten gestanden. Sie hätten ihn in diesem Gefängnis besonders schlecht behandelt, auf Anordnung des Richters auch nachts die Fußfesseln nicht entfernt. Er hätte sich dafür rächen wollen, es sei Teil seines Krieges gegen die Gesellschaft gewesen: Das viele Geld, das er bei den Überfällen erbeutet hätte, hätte er fast ausschließlich an bedürftige Schicksalsgenossen verteilt. Für den Schuss auf den Richter, als Mordversuch angeklagt, bekam Großmann lebenslänglich. Wenn es ihm je gelänge, wieder herauszukommen, hatte er bei der Urteilsverkündung gedroht, käme er mit einem Maschinengewehr zurück.
Das strenge Urteil wurde zu seiner Rettung: Inzwischen hatte sich seine Anwältin in ihn und er sich in sie verliebt, und sie fand heraus, dass das »lebenslänglich« gesetzeswidrig war: Der Richter war nicht verletzt worden, so dass lediglich eine Zeitstrafe hätte verhängt werden dürfen. Da der Richter alle vorherigen Strafen mit der letzten zu »lebenslänglich« zusammengefasst hatte,

konnte die Anwältin – Großmann zufolge die bekannteste Strafverteidigerin Kanadas – die Annullierung des gesamten Urteils erreichen. Ganz klar machen konnte er mir den Prozessweg nicht. Er sprach auch von einer »Begnadigung«, die deshalb erfolgt sei, weil die kanadische Justiz von ihm und dem »Trouble«, den er mache, genug gehabt hätte und froh gewesen sei, ihn durch eine Ausweisung nach Deutschland endgültig loswerden zu können. Vielleicht haben die Behörden tatsächlich nach der Aufhebung des Urteils auf die Durchführung eines neuen Verfahrens verzichtet. Jedenfalls saß Großmann schließlich in Begleitung seiner neuen Freundin, der Anwältin, in einer Maschine nach Frankfurt.

Die deutschen Behörden zweifelten zunächst an seiner Begnadigung und stellten ihn unter Hausarrest und Meldepflicht. Dem entzog sich Großmann dadurch, dass er sich mit seiner Freundin nach Holland absetzte. Die Strafverteidigerin war nämlich mit Professor Johannes Vloeßmann, dem Dekan einer altehrwürdigen Rechtsfakultät und Direktor des Instituts für Kriminologie, befreundet. Der nahm das Paar nicht nur bei sich zu Hause auf, er verschaffte Großmann überdies einen Lehrauftrag für praktische Kriminologie. Die Studenten sollten das Verbrechen auch aus der Perspektive des Täters kennen lernen, und so legte Großmann ihnen in einem Seminar die Umstände dar, die ihn auf seinen kriminellen Lebensweg gebracht und gehalten hatten.

Das ging eine Zeit lang gut. Nach einer Weile begann dieser Unterrichtsstoff den neuen Lehrbeauftragten jedoch zu langweilen. Auch reichte das verdiente Geld für seine Bedürfnisse und die seiner Freundin nicht aus, so dass er, um diesen beiden Mängeln abzuhelfen, wieder einen Banküberfall beging, bei dem er allerdings rasch als Täter identifiziert wurde. Die Polizei dachte

zunächst, es hätte sich bei dem Bankraub um eine mit der Direktion abgesprochene Übung des Institutes gehandelt, um eine Art externe Lehrveranstaltung über kriminelle Praxis. Erst als das Geld tatsächlich bei Großmann gefunden wurde, nahm sie die Sache ernst. Großmann bekam eine verhältnismäßig milde Strafe, zwei Jahre Gefängnis, die er zur Hälfte absaß. Danach wurde er nach Deutschland ausgewiesen und seine Freundin kehrte nach Kanada zurück.
In dem niederrheinischen Städtchen, in dem er nun landete, suchte er sich gleich eine neue Lebensgefährtin: eine etwas verwahrloste junge Frau, Mutter eines dreijährigen kleinen Jungen, der Vater war unbekannt. Sie trank ziemlich viel und ließ während ihrer häufigen depressiven Kater ihre Wohnung verkommen. Großmann war in einer Lebensphase, in der er Sehnsucht nach einer eigenen Familie hatte. Er zog bei der Frau ein, sorgte für Ordnung im Haus und nahm zum ersten Mal eine reguläre Arbeit als Anstreicher an. Alkohol trank er nur mäßig, aber im holländischen Knast hatte er sich an einen regelmäßigen Haschischkonsum gewöhnt, den er auch in Freiheit fortsetzte. Sein Bekanntenkreis bestand zum größten Teil aus ehemaligen Knackis, wohl auch deshalb, weil er gleich nach seiner Freilassung von einer Gefangenenhilfs- und Selbsthilfeorganisation betreut worden war und da eben hauptsächlich seinesgleichen kennen gelernt hatte. Im Kreise dieser Kumpane gab er mit seinen früheren Taten an. So kam es, dass er, um sein Ansehen bei ihnen nicht zu gefährden, wieder etwas unternehmen musste. Zwei Jahre nachdem er in Deutschland wieder ansässig war, überfiel er den an der holländischen Grenze gelegenen Großmarkt. Aber erst bei der Hauptverhandlung gab er zu, diese Tat begangen zu haben.

Manches an dieser Lebensgeschichte klang für mich überzeichnet und wenig glaubhaft. Aber die bis zum Prozessbeginn vollständig eingegangenen kanadischen Akten bestätigten das meiste. Ihnen beigefügt waren die Zeitungsausschnitte, die Großmann als Kanadas damaligen »public enemy number one« bezeichneten und auch über seinen Hubschrauberangriff berichteten. Die kanadische Strafverteidigerin erschien zwar nicht zur Verhandlung, dafür war aber Professor Vloeßmann zugegen und sagte aus, dass er Großmann tatsächlich als Tutor für Kriminalistik beschäftigt hatte. Ausgenommen die kleinen kosmetischen Erinnerungskorrekturen, wie sie jedermann an seiner Lebensgeschichte vornimmt, mussten Großmanns Schilderungen also, so weit sie überhaupt überprüfbar waren, als im Großen und Ganzen zutreffend betrachtet werden. Auf die Frage des Vorsitzenden Richters an Vloeßmann, ob er Großmann für einen gefährlichen Täter halte, antwortete dieser: »Aber nein, er ist ein freundlicher, kreativer, großzügiger Mensch, der nur, wenn er sein Leben bedroht glaubt, jemandem etwas zuleide tun könnte.«

Nicht nur auf den holländischen Kriminologen, auch auf mich wirkte Großmann eher sympathisch. Die Verlassenheit der Waisenhausjahre hatte eine narzisstische Traumwelt in ihm erstehen lassen, deren Versprechen von keiner Alltagsrealität mehr eingelöst werden konnten. Die Schäbigkeit und Gefühlsrohheit in der wieder gefundenen Familie, die erdrückenden Zwänge und die Gewalttätigkeit in den kanadischen »Erziehungsheimen«, die in krassem Widerspruch zu seinen Träumen standen, hatten zu einem explosiven Bedürfnis nach Weite, Freiheit und Glück und zu einer Selbstkonstruktion als eine Art Supermann geführt, der zum Himmel aufsteigen, durch Mauern gehen und sich an den

Reichtümern dieser Welt völlig frei bedienen kann. Nur durch solche Taten konnte für einen Augenblick die Wunde geschlossen werden, die seine Kindheit in ihm gerissen hatte, erst in ihnen fand er, nach seinen eigenen Worten, seine Identität wieder und konnte sich selbst spüren. Und wahrscheinlich hat der regelmäßige, verhältnismäßig hoch dosierte Haschischkonsum solche Empfindungen noch intensiviert. Auch die psychologische Testuntersuchung ergab eine »narzisstisch gestörte Persönlichkeit mit übersteigertem Größenselbst«. Großmann identifizierte sich freilich mit seiner »Störung«, diese war zum Motor seiner Persönlichkeit geworden, zu demjenigen, was ihn antrieb und was ihn im Innersten zusammenhielt, und so frage ich mich heute, ob das Wort Störung hier nicht fehl am Platze war. Aber zusammen mit dem unwiderlegten Cannabiskonsum am Tattage erlaubte es mir diese psychiatrische Diagnose doch, dem Gericht zu empfehlen, eine erhebliche Verminderung der Steuerungsfähigkeit zum Tatzeitpunkt nicht auszuschließen. Auf der anderen Seite musste ich einräumen, dass bei Großmann ein Hang zur Begehung erheblicher Straftaten bestand. Das Gericht verfügte gleichwohl keine Sicherheitsverwahrung, weil es die kanadischen Vorstrafen, die ja für ungesetzlich erklärt und nicht nochmals neu verhandelt worden waren, nicht berücksichtigen konnte. So erhielt Großmann wegen Mordversuches eine Gefängnisstrafe von neun Jahren.

Ein Jahr später sah ich ihn anlässlich der Untersuchung eines anderen Gefangenen in der Haftanstalt, in der er einsaß, zufällig wieder. Er begrüßte mich freudig und sagte mir lachend: »Herr Professor, Sie sind der Einzige, der mich verstanden hat.« Und ich wusste nicht ganz genau, ob das ein Ritterschlag war oder er sich nur über mich lustig machen wollte.

Die Steinigung

Im Dezember 2000 bot ein wegen Heroinhandel festgenommener Untersuchungshäftling seinem Vernehmungsbeamten an, Aussagen über einen vor drei Jahren begangenen Mord zu machen, mit dem ein früherer Zellengenosse, ein jugendlicher Russlanddeutscher, geprahlt hätte. Der Drogendealer behauptete, von diesem Mann um Stoff erpresst zu werden: Mit der Geschichte vom Mord hätte der beweisen wollen, wozu er fähig sei, wenn man seinen Forderungen nicht nachkomme. Ob es sich tatsächlich um eine Erpressung handelte, konnte nicht geklärt werden. Vielleicht wollte der Dealer, der sich mit seiner Aussage eine mildere Strafe erhoffte, mit dieser Behauptung auch nur seine Denunziation rechtfertigen.

Der damalige Zellengenosse des Dealers, der zwanzigjährige Josef Buratzki, konnte ohne große Schwierigkeiten identifiziert werden. Er war seinerzeit nur ganz kurz wegen eines Körperverletzungsdeliktes in Haft gewesen und lebte inzwischen mit seiner Freundin zusammen. Schon bei seiner ersten Vernehmung gab er zu, zusammen mit anderen Russlanddeutschen einen jungen

Landsmann entführt, zusammengeschlagen, in einem kleinen Badesee ertränkt und dann an dessen Ufer verscharrt zu haben. Die Polizei war zunächst etwas ungläubig, aber als sie mit dem jungen Mann an den angegebenen Ort fuhr, fand sie dort eine schon skelettierte Leiche, die sich als sterblicher Überrest eines Andreas Trabandt identifizieren ließ, eines Heroinabhängigen, der drei Jahre zuvor verschwunden war. Damals war erfolglos nach ihm gesucht worden. Schließlich hatte die Polizei vermutet, dass er nach Russland zurückgekehrt war.

Buratzki gab schließlich die Namen der anderen sieben jungen Leute preis, die an der Entführung und Tötung Trabandts beteiligt gewesen waren. Sechs von ihnen wurden festgenommen. Der siebte, Nikolai Schuster, den Buratzki als Initiator des Verbrechens bezeichnete, konnte sich nach Großbritannien absetzen. Vier von ihnen waren zur Tatzeit Jugendliche, drei Heranwachsende gewesen. Nur einer, der besagte Nikolai Schuster, galt rechtlich als Erwachsener – er war zur Tatzeit gerade 21 Jahre alt geworden. Drei der Angeschuldigten hatten inzwischen ein Kind bekommen und eine Arbeit aufgenommen, alle hatten eine Partnerin, aber nur einer, Eugen Schmied, war mit der seinen eine Ehe eingegangen.

Vor der Polizei hatten alle Beschuldigten Aussagen gemacht, außer Woldemar Schuster, dem Bruder des vorgeblichen Anstifters, der auf seinem Recht zu schweigen beharrte. Nur einer, Leo (Lew) Stallmeyer, stritt seine Beteiligung ab. Zwar habe Nikolai Schuster ihm erklärt, Trabandt verdiene eine Abreibung, er hätte sich jedoch geweigert, dabei mitzumachen. Die anderen räumten ihre Tatbeteiligung zwar ein, aber jeder von ihnen versuchte seinen Beitrag zu minimieren und den anderen, vor allem dem nach

England geflohenen Nikolai Schuster, die Hauptverantwortung für das, was geschehen war, anzulasten. Als gemeinsamer Kern ihrer Aussagen stellte sich dabei Folgendes heraus: Nikolai Schuster war damals der Heroindealer seiner abhängig gewordenen Landsleute gewesen und er hatte mit Trabandt immer wieder Ärger gehabt. Vier Wochen vor der Tat war er von diesem sogar durch einen Messerstich verletzt worden. Einer der Tatbeteiligten brachte seine Vermutung zum Ausdruck, dass es dabei um die Qualität des verkauften Stoffes ging, die anderen stritten das ab. Am Morgen des Tattages hatte Schuster sie alle angerufen: Er werde Trabandt nun endlich die verdiente Abreibung verpassen und sie mögen ihm dabei behilflich sein. Am Treffpunkt warteten sie zu acht. Außer seinen heroinabhängigen Klienten hatte Schuster noch seinen Bruder Woldemar und seinen entfernten Cousin, den schon genannten Eugen Schmied, mitgebracht. Als Trabandt erschien, »bewogen« sie ihn, in eines der zwei von ihnen mitgebrachten Autos zu steigen, um zu einem kleinen See zu fahren, wo Trabandt seine Tracht Prügel beziehen sollte. Unterwegs versuchte Trabandt zu entkommen, weshalb er geknebelt und gefesselt wurde. Am See angekommen nahm Schuster Trabandt den Knebel ab, und als dieser ihn wütend bedrohte, ordnete er an, Trabandt ins Wasser zu werfen. Da erst hatten sie begriffen, dass mehr als eine Abreibung vorgesehen war. Trotz des nur flachen Wassers hatte Trabandt wegen seiner Fesseln Mühe gehabt, den Kopf über Wasser zu halten. Schuster hatte sie dann veranlasst, den Herumzappelnden mit Steinen zu bewerfen, die am Ufer lagen. Als Trabandt am Kopf getroffen wurde, ging er unter. Sie holten ihn zwar nach einiger Zeit heraus, sahen jedoch gleich, dass er tot war, und verscharrten seine Leiche. Danach fuhren sie in die Stadt zurück. Schuster ermahnte sie noch, über die Sache Schweigen zu bewahren, sonst würde ihnen was passieren, und sie hätten sich die ganze Zeit daran gehalten.

Nach einigen Monaten Haft zogen alle, außer Eugen Schmied, ihre Aussagen zurück. Dies geschah zu dem Zeitpunkt, als bekannt wurde, dass man Schuster in England festgenommen und seine Auslieferung nach Deutschland beantragt hatte. Da außer Nikolai Schuster zur Tatzeit alle Jugendliche oder Heranwachsende waren und fünf von ihnen heroinabhängig, ordnete das Gericht die psychiatrische Begutachtung aller Angeklagten an. Ich sollte Eugen Schmied untersuchen, einen der zwei Angeklagten, die keine Drogen konsumiert hatten.

In dem mir wohlvertrauten Anwaltszimmer der JVA stand mir ein großer, übergewichtiger junger Mann mit braunen Haaren und einem etwas verquollenen Gesicht gegenüber. Obwohl er nun auf die zwanzig zuging, hatte er immer noch etwas Ungeschicktes, kindlich Anrührendes an sich, Sein Deutsch war gebrochen, aber über Alltagsdinge konnte ich mich mit ihm gut in dieser Sprache verständigen und seine russischen Ergänzungen verstand ich zumeist auch. Natürlich hatte ich auch einen Dolmetscher mitgebracht, der letzte Unklarheiten im Verständnis beseitigen konnte. Schmied war ein ruhiger, etwas langsam redender und wohl auch denkender Heranwachsender, der wahrscheinlich auch aufgrund meines nahezu akzentfreien Russischs schnell Vertrauen zu mir fasste und sich bereit zeigte, mir nicht nur seine Lebensgeschichte, sondern auch den Tatablauf zu schildern.

Er war als Sohn eines Viehzüchters in einem Kolchosendorf in Westsibirien, 100 Kilometer von Omsk entfernt, geboren und groß geworden. In den vier Straßen des kleinen Ortes hatten zweihundert Familien, alles Deutschstämmige, gewohnt. Vergeblich versuchte ich zu erfahren, wann und weshalb die Familie und die anderen Dorfbewohner in eine so entlegene Gegend verschlagen worden waren. Die Eltern seien schon dort geboren, sagte er, die Großeltern wohl während des Krieges dorthin evakuiert worden, aber darüber würde zu Hause nie gesprochen. Die Großeltern sprachen noch fließend Deutsch, die Eltern schon nicht mehr. Irgendwo hatte er gehört, dass es eine Zeit gegeben hätte, in der man diese Sprache am besten vermied, aber als er zur Schule kam, sei das schon lange vorbei gewesen, an ihrer Schule hätte es sogar Deutschunterricht gegeben. Viel gelernt hatte Jewgenij, so hieß Eugen bis zur Übersiedlung nach Deutschland, dort allerdings nicht, weil er oft die Schule schwänzte, um auf den Wiesen herumzureiten und Cowboy zu spielen. Der Vater erlaubte ihm das, ja er nahm ihn sogar öfter mit, wenn eine Rinderherde zum nächstgelegenen Schlachthof getrieben werden musste. Jewgenij hatte sich in seinem Dorf sehr glücklich gefühlt. Seine Familie bewohnte ein schönes kleines Haus mit einem großen Garten und er hatte dort viele Freunde gehabt, sagte er etwas wehmütig.

Zur Übersiedlung nach Deutschland hatten die Eltern sich erst entschlossen, als die Gefahr bestand, dass die Söhne eingezogen und in den Tschetschenienkrieg geschickt werden würden. Die Entscheidung darüber war von den Eltern allein getroffen worden, sie, die Kinder, hatte niemand gefragt. Als sie Russland verließen, war Jewgenij fünfzehn Jahre alt. Nach einem mehrwöchigen Aufenthalt in einem Rückwandererlager landete die Familie in einer mittelgroßen norddeutschen Stadt, in einer Siedlung, die fast ausschließlich von Russlanddeutschen bewohnt wurde. Alles war plötzlich anders: statt eines Hauses mit Garten eine enge Wohnung, in der man leise sein musste, statt vieler Freunde zunächst niemanden, den man kannte, statt der Rückgriffsmöglichkeiten auf die ältere Generation die Beschränkung auf die Kernfamilie: Die Großeltern, die auch ausgewandert waren, lebten in einer anderen Stadt. Eine schier unübersehbare, verwirrende Warenfülle verführte dazu, über die knappen Mittel zu leben und Schulden zu machen. Für die Eltern – der Vater war Transportleiter, die Mutter Kantinenchefin des Kolchos gewesen – gab es zunächst nur Arbeitslosigkeit und Sozialhilfe, später für die Mutter eine schlecht bezahlte Putzfrauentätigkeit. Und um die Veränderungen komplett zu machen: Er selbst hieß nun nicht mehr Jewgenij, bei der Ausstellung der deutschen Papiere hatten die Behörden daraus Eugen gemacht.

Eugen gelang es nicht, in Deutschland seinen Hauptschulabschluss zu machen, seine unzureichenden Deutschkenntnisse verhinderten das, obwohl er, wie sich bei der psychologischen Testuntersuchung herausstellte, mit einem Handlungs-IQ von 109, was seine intellektuelle Ausstattung anging, beträchtlich über seinem Altersdurchschnitt lag. Auch im Berufsvorbereitungsjahr, in dem er ausschließlich mit Russlanddeutschen in einer Klasse war, kam er nicht zurecht. Weil er häufig zu spät kam und manchmal den Unterricht störte, flog er schließlich heraus. Zur Tatzeit war er arbeitslos, ohne Freundin, ohne nähere Freunde. Er vertrieb sich seine Zeit und verdiente sich auch Geld damit, dass er seinen entfernten Cousin Nikolai Schuster auf dessen Drogenverkaufstouren begleitete, um diesen vor etwaigen Angriffen unzufriedener Heroinkonsumenten zu schützen. Wie Nikolai nahm er selbst keine Drogen, anders als fast alle seiner Mitangeklagten, die er als Klienten Schusters kennen gelernt hatte. Zu irgendwelchen außergewöhnlichen Ereignissen, die ihm Kummer oder Sorgen gemacht hätten, sei es in den Monaten vor der Tat nicht gekommen.

Eugens Tatschilderung unterschied sich zwar nicht wesentlich von den Aussagen, die er und seine Mitangeklagten bei ihren polizeilichen Vernehmungen gemacht hatten, enthielt aber doch einige belangvolle Ergänzungen. Er sei mittags von Nikolai angerufen worden, um bei einer von diesem beabsichtigten »Abreibung« Trabandts behilflich zu sein. Trabandt sei nämlich während der letzten Nacht in die Wohnung von Schusters Eltern eingebrochen und hätte diese bedroht. Da Nikolai bereits vor vier Wochen von Trabandt durch einen Messerstich leicht verletzt worden war und dieser trotz zweier Strafanzeigen Nikolais von der Polizei unbehelligt geblieben war, sei ihnen nichts anderes übrig geblieben, als die Sache selbst in die Hand zu nehmen.

Eugen behauptete auch mir gegenüber nicht zu wissen, weshalb Trabandt und Nikolai in einen so gewalttätigen Streit geraten waren und ob es dabei um Drogengeschäfte gegangen war. Nikolai hätte ihn am Nachmittag abgeholt, sie seien zum Marktplatz, ihrem üblichen Treffpunkt gefahren, wo die anderen sechs zu ihnen stießen und wo sich bald danach auch Trabandt einfand. Auch er war von Nikolai dorthin bestellt worden, mit der Begründung, sie sollten doch versuchen, den Streit beizulegen. Gleich nach seiner Ankunft hätte Nikolai ihn aber wütend beschimpft und ihm Prügel angekündigt. Auf meine Frage, weshalb Trabandt denn aus freien Stücken in Nikolais Wagen eingestiegen sei, erwiderte Eugen, der hätte gewusst, dass er ihnen nicht jedes Mal davonlaufen könne, also hätte er das Unausweichliche wohl hinter sich bringen wollen. Ich hatte den Eindruck, dass hier ein rituelles Strafgericht abgelaufen war, dessen Urteil Trabandt sich in der Hoffnung, damit sei die Sache erledigt, zunächst unterworfen hatte. Aber im Auto war er dann an Knöcheln und Handgelenken gefesselt und dazu noch geknebelt worden, womit er nicht gerechnet hatte. Als Nikolai ihm am Zielort, dem Badesee, den Knebel, aber nicht die Fesseln abnahm, hätte er sie alle nicht nur beleidigt, sondern auch damit gedroht, er und seine Freunde würden sie und ihre ganzen Familien umbringen. Erst daraufhin hätte Nikolai befohlen, Trabandt in das in Ufernähe noch ziemlich flache Wasser zu werfen, und als er nicht unterging, mit Steinen, die am Ufer lagen, nach seinem Kopf zu zielen. Ich wusste, dass die anderen Tatbeteiligten behaupteten, es seien Nikolai und Eugen gewesen, die Trabandt ins Wasser geworfen hätten. Ihnen zufolge kam Eugen Nikolais Anordnung, Trabandt zu steinigen, sofort nach. Überhaupt erschien Eugen in diesen Vernehmungsprotokollen als Nikolais willigster Helfer. Mir gegenüber stritt Eugen dies alles ab. Er hätte nur ein Mal, auf Nikolais Zuruf, Buratzki einen Stein gereicht, und dieser hätte sein Ziel, Trabandts Kopf, verfehlt. Auf die Frage, warum er Nikolais Anordnungen auch dann noch Folge geleistet hätte, als ihm klar war, Trabandt sollte nicht nur verprügelt, sondern umgebracht werden, erwiderte er, er hätte, als er sah, was mit Trabandt geschah, gefürchtet, das nächste Opfer zu werden, wenn er sich weigere. Nur beim Verscharren der Leiche hätte er halbwegs aus freien Stücken mitgeholfen, in der Hoffnung, danach diesen schrecklichen Ort verlassen zu können.

Nach der Tat begann er ein Berufsgrundschuljahr, schloss dieses aber auch nicht ab. Ein Jahr später heiratete er ein aus Omsk stammendes Mädchen und bekam mit ihr eine Tochter. Kurzfristige Jobs wechselten mit Arbeitslosigkeit. Zunächst begleitete er Nikolai weiterhin bei dessen Drogenverkäufen, bis dieser einmal dabei auffiel und festgenommen wurde. Da Eugen mit im Auto saß, musste er als Strafe für eine ihm vorgeworfene »Beihilfe bei der Veräußerung von Betäubungsmitteln« 20 Stunden gemeinnützige Arbeit ableisten, während Nikolai für ein Jahr ins Gefängnis kam. Nach dessen Freilassung besuchte Eugen ihn noch ab und zu, bis zu seiner eigenen Verhaftung. Zu den anderen Mittätern hatte er nach der Hinrichtung Trabandts keinen Kontakt mehr.

Am nächsten Tag ließ ich mir von Eugen den Tathergang noch einmal schildern, in der Hoffnung, mehr darüber zu erfahren, weshalb er bis zum schrecklichen Ende mitgemacht hatte. Mir war klar, dass seine – wenn auch nur weitläufige – Verwandtschaft mit Nikolai dabei eine Rolle gespielt haben musste und dieser für Eugen zudem ein Vorbild gewesen war: ein junger Erwachsener, der einen schicken Wagen fuhr und als Dealer viel Geld verdiente. Der eigene Vater, dem er in Russland nachgeeifert hatte, war in Deutschland zur Untätigkeit verurteilt und auf milde Gaben des Sozialamtes angewiesen, so dass Nikolai vielleicht seinen leer gewordenen Platz als Autorität eingenommen hatte. Aber das erklärte seine Tatbeteiligung bis zur Tötung hin immer noch nicht, wie auch die Motive seiner Mitangeklagten mir weiterhin unklar blieben. Hatte Schuster von vornherein vorgehabt, Trabandt umzubringen, und waren seine Mittäter damit einverstanden gewesen oder hatte es irgendeinen Auslöser für die Tötung in der Tatsituation selbst gegeben? Schuster befand sich in England, so dass er dazu nicht gehört werden konnte. Eugens Schilderungen – und auch diejenigen der anderen Angeklagten – schienen eher dafür zu sprechen, dass es erst am See zu einem Stimmungsumschwung gekommen war, der dazu geführt hatte, dass Schusters Wut auf Trabandt sich plötzlich auch auf alle anderen übertrug. Ich fragte Eugen nochmals danach. Und schließlich räumte er ein, dass es Trabandts Drohungen, nicht nur sie selbst, sondern auch ihre Familien umzubringen, gewesen waren, die diesen Umschwung bewirkt hatten. Nikolai hätte daraufhin geschrien, wenn Trabandt am Leben bliebe, würden sie alle keine ruhige Minute mehr haben. Die Tatsache, dass Trabandt am Vorabend bei Nikolais Eltern eingebrochen war, hätte sie alle veranlasst, diese Drohungen auch ernst zu nehmen. Zudem hätte jeder fürchten müssen, von Nikolai und den anderen beseitigt zu werden, wenn er nicht weiter mitmache.

Für eine ernsthafte psychische Störung gab es bei Eugen keinerlei Anhaltspunkte. Mit Trabandts »Bestrafung« war er einverstanden gewesen, an seiner Tötung hatte er sich beteiligt, sei es durch Unterlassung, sei es durch Beihilfe, sei es durch einen selbstständigen Tatbeitrag, auch wenn eine doppelte Angst, die vor Nikolai und die vor Trabandts Rache, dabei mitgespielt hatte. Natürlich musste auch die gruppendynamische Situation in Erwägung gezogen werden: das gegenseitige Sichaufschaukeln in Hass und Wut, die Angst, vor den anderen als Feigling dazustehen, wenn man kniff, die Loyalitätsverpflichtung dem Cousin und Vorbild Nikolai gegenüber. Zu Recht schreibt Lempp in seinem Buch »Jugendliche Mörder«, dass Gruppentäter gefährlicher seien als Einzeltäter, weil sie sich schwerer aus einem begonnenen Tatablauf zurücknehmen könnten und deshalb eine Tendenz zu einer »Flucht nach vorn« zeigten, dazu, die Sache zu Ende zu bringen, auch wenn es ein schlimmes Ende würde. Aber die Gruppe, die

Trabandt umbrachte, war nicht, wie manche Jugendbanden mit ihren eigenen Gesetzen und Ritualen und ihrem unangefochtenen Anführer, eine verschworene Gemeinschaft gewesen. Ihr Bindeglied war die gemeinsame Herkunft, die triste Gegenwart und dazu noch für die Mehrzahl von ihnen die Abhängigkeit von ihrem Dealer, für Eugen die Verwandtschaft mit Nikolai. Dementsprechend war auch der Druck, der von dieser vagen Gemeinsamkeit ausging, nicht stark genug, um daraus allein eine erheblich verminderte Schuldfähigkeit herzuleiten.

Gleichwohl musste ich das Gericht darauf aufmerksam machen, dass Eugen und die anderen Täter einer sozial extrem gefährdeten Minderheit angehörten: Aus der ehemaligen Sowjetunion eingewanderte Jugendliche, ob nun Russlanddeutsche oder Angehörige anderer Nationalitäten, zeigen die weitaus höchste Kriminalitätsrate. Die autoritäre sowjetische Staatsgewalt war ihnen nur in ihrem extremen Verfallsstadium begegnet: Groß geworden waren sie in einem Zustand der Anomie, der Gesetz- und Begriffslosigkeit, in dem es oft nötig wurde, sich sein Recht selbst zu verschaffen. Anders aber als etwa bei den Kurden standen ihnen dabei keine Regressionsmöglichkeiten auf Rechts-, Ehr- und Moralbegriffe des Stammes oder der Ethnie zur Verfügung. Übrig geblieben war lediglich die Loyalität der engeren Familie gegenüber.

Die Russlanddeutschen waren dazu noch mit einem anderen Problem konfrontiert: In der Sowjetunion hatten sie während des Krieges als potenzielle Verräter gegolten, was sie dazu gezwungen hatte, ihre sprachlich-kulturelle Identität zu verleugnen und schließlich zu vergessen. So war die Herkunftsgeschichte von Eugens Familie innerhalb von zwei Generationen fast völlig ausgelöscht worden. Sie konnte ihm deshalb auch nicht als Stütze dienen, auch dann nicht, als die Zeit der Verfolgung und die der massiven Diskriminierung vorüber war. So wie viele Shoah-Opfer über lange Zeit die Kriegsjahre und die erlittenen Verfolgungen verdrängten und manche ihren Kindern sogar verheimlichten, dass sie Juden waren, hatten viele Russlanddeutsche den stalinistischen Terror und dessen Ansatzpunkt bei ihnen, ihre deutsche Herkunft, aus ihrem Leben gestrichen. Waren sie in Russland die bis zuletzt immer noch etwas unerwünschten Deutschen gewesen, wurden sie nun in Deutschland zu den nicht besonders willkommenen Russen. Das und die mangelnden Sprachkenntnisse führten zu einem Rückzug auf die eigene Herkunftsgruppe, was das Deutschlernen und die Anpassung an die hiesigen Lebensverhältnisse zwangsläufig weiter erschwerte. Die ohnehin mühselige Adaptationsleistung, die allen russlanddeutschen Einwanderern abverlangt wurde, an einen größeren Entscheidungsspielraum, an die Unsicherheiten der Zukunft, an eine individuelle, nicht mehr kollektive Leistungserbringung, an die neue Sprache bis hin zu den neuen Vornamen, verkomplizierte sich noch dadurch, dass Eugen und seine Mittäter sie als Pubertierende erbringen mussten, zu einem Zeitpunkt massiver biologischer Umstellungen, aber auch in einer Lebensphase, in der die Beziehung zu Gleichaltrigen besonders wichtig wird und zudem noch das Berufsleben beginnt. Das alles erklärt die besonders schwere kriminologische Vorbelastung dieser Bevölkerungsgruppe: der als Pubertierende eingewanderten russlanddeutschen Heranwachsenden und Jugendlichen. Bei der bestehenden Gesetzeslage gestattete auch das mir zwar nicht, für Eugen eine erheblich verminderte Steuerungsfähigkeit anzugeben, aber es zeigte mir noch einmal, wie problematisch die deutsche schuldstrafrechtliche Begrifflichkeit ist, zumal sie aufgrund ihrer inneren Logik einer Schuldbefreiung sehr enge Grenzen setzt, indem sie diese auf krankhafte Störungen und auf psychische Ausnahmezustände beschränkt. Zu seinem Glück war Eugen zum Tatzeitpunkt noch Jugendlicher gewesen, so dass das Gericht alle sozialen Begleitumstände ebenso wie erzieherische Gesichtspunkte auch unabhängig von der Frage der Schuldfähigkeit bei der Strafzumessung berücksichtigen konnte.

Die Hauptverhandlung zog sich über ein halbes Jahr hin. Außer den Sachverständigengutachten brachte sie kaum neue Erkenntnisse. Die Angeklagten gaben lediglich durch ihre Anwälte Erklärungen zum Tatgeschehen ab, selbst schwiegen sie. Dies machte es nötig, alle polizeilichen Vernehmungsbeamten als Zeugen zu ihren seinerzeitigen Aussagen zu hören. Die Aussageverweigerungen erschwerten auch die Arbeit der psychiatrischen Sachverständigen während der Hauptverhandlung. Mimik und Gestik der sieben Angeklagten reichten nicht aus, um sich ein Bild von ihren Gefühlen und von ihrer Persönlichkeit zu machen. Eine innere Betroffenheit, wie ihre Anwälte sie in ihren Erklärungen für sie formuliert hatten, war ihnen nicht anzumerken, sie wirkten eher wie etwas schüchterne, brave Schuljungen. Die einzige Ausnahme bildete Woldemar Schuster, Nikolais jüngerer Bruder. Der grinste nicht nur, wenn der Vorsitzende oder ein Sachverständiger redete, sondern gab den neben ihm sitzenden Angeklagten auch öfter in rüdem Befehlston auf Russisch die Anweisung, nur ja den Mund zu halten.

Im Urteil wurde den fünf zur Tatzeit heroinabhängigen Angeklagten erwartungsgemäß eine erheblich verminderte Schuldfähigkeit zugebilligt, sie erhielten wegen Totschlages eine dreijährige Jugendstrafe. Der drogenabstinente Eugen wurde für voll schuldfähig befunden und zu fünf Jahren und drei Monaten verurteilt, auch weil das Gericht ihn als rechte Hand des Anstifters Nikolai Schuster ansah. Mir taten die jungen Leute – ausgenommen Woldemar Schuster – leid. In den zwei Jahren nach der Tat war es den meisten von ihnen gelungen, von ihrer Drogenabhängigkeit loszukommen, die meisten hatten auch eine Beschäftigung und eine stabile Partnerschaft gefunden. Die Gefahr war groß, dass sie im Gefängnis oder danach nur in einer kriminellen Subkultur wieder Anschluss finden würden. Hätte das Gericht die Möglichkeiten des Jugendstrafrechts voll ausschöpfen wollen, so hätte es eine Jugendstrafe verhängen können, deren Rest – nach Anrechnung der einjährigen Untersuchungshaft – zur Bewährung aussetzbar war. Für dieses Vorgehen hätte gesprochen, dass die Jugendstrafanstalten inzwischen mancherorts zu einer Ausbildungsstätte für künftige Berufskriminelle geworden sind, in der bandenmäßig organisierte Jugendliche aus der ehemaligen Sowjetunion den Ton angeben. Wer dabei nicht mitmacht, muss mit den schlimmsten Repressalien rechnen.

Ein solches Urteil hätte freilich den Zeitgeist – und dessen Inkarnation, die Medien – gegen sich gehabt und wäre in dem vorherrschenden Sicherheitsdiskurs in Grund und Boden verdammt worden. Es hätte deshalb viel Mut erfordert. Aber auch ich selbst spürte, als ich mir diese Möglichkeit vor Augen führte, dagegen einen unerwartet zähen inneren Widerstand. Immerhin waren sie alle für den qualvollen Tod eines jungen Menschen verantwortlich gewesen. Und hätte es ihre Neigung zur Selbstjustiz nicht noch weiter verstärkt, wenn sie nach der Hauptverhandlung gleich auf freien Fuß gekommen wären? Hätte Woldemar

Schuster dann nicht vollends triumphierend gegrinst? Und gab ihnen ihre Menschenwürde nicht sogar, wie Kant es seinerzeit formuliert hatte, ein Anrecht auf Strafe und Sühne?

Nachwort

Der Sicherheitsdiskurs

Der Verrückte und der »psychopathische« Mörder sind einander ergänzende Horrorgestalten unseres kollektiven Unbewussten. Erschreckt der Verrückte meist schon durch seinen Anblick, so verbirgt sich der psychopathische Mörder oft hinter einer Maske biederer Normalität. Jeder von ihnen erzeugt auf seine Weise Angst und fordert zum Entwurf von Abwehrstrategien auf. Diese Ängste und diese Abwehrbedürfnisse sind naturgemäß empfänglich für einen Sicherheitsdiskurs, mit dem bestimmte politische Gruppierungen, manchmal auch nur bestimmte Politiker den Eindruck zu erwecken suchen, sie und die von ihnen vorgeschlagenen Maßnahmen könnten Schutz vor Wahnsinn und Verbrechen bieten.

W. F. Haug hat gezeigt, dass die deutschen Faschisten Meister in der politischen Nutzung eines solchen Sicherheitsdiskurses waren. Die Sicherheitsverwahrung, aber auch die forensische Unterbringung wurde von ihnen 1933, im Gesetz »gegen gefährliche

Gewohnheitsverbrecher«, in das deutsche Strafrecht eingeführt. Jeder, der die Notwendigkeit solcher Maßnahmen in Frage stellte, lief Gefahr, der Komplizenschaft bezichtigt zu werden. Der Sicherheitsdiskurs ist ja nicht nur eine in die Öffentlichkeit gestellte abstrakte politische These: Er ruft jeden Einzelnen an: »Wann tun Sie endlich etwas für Ihre Sicherheit?« Das klingt nicht nur wie ein aufdringlicher Reklamespot (Wann tun Sie endlich etwas für Ihre Cholesterinwerte, für Ihre Haut etc.), sondern fordert auch zu vorbehaltloser Zustimmung und persönlichem Einsatz heraus: Nur dadurch kann man sich vergewissern und den anderen beweisen, dass man selbst auf der richtigen Seite, in diesem Fall, der Seite des Rechts steht.

Die Zustimmung zum Sicherheitsdiskurs darf aber nicht nur verbal sein. Sie muss sich auch in ihn bestätigenden Gefühlen und Handlungen ausdrücken. Wenn die Medien von abendlichen Überfällen in der U-Bahn berichten, zeige ich meine Zustimmung darin, dass auch ich davor Angst habe, ab 22 Uhr dieses Verkehrsmittel meide und stattdessen ein Taxi nehme. Versteife ich mich darauf, abends noch U-Bahn zu fahren, so verlasse ich schon damit die Solidargemeinschaft der rechtschaffenen Bürger und muss in Kauf nehmen, dass man mich zu denen zählt, die die Gewalt nicht richtig ernst nehmen, ja vielleicht selbst einen kleinen Hang zur Dunkel- und Unterwelt haben. Der Sicherheitsdiskurs hat also auch eine Disziplinierungs- und Ordnungsfunktion. Weil er jeden einzeln anruft, wie Gott im Alten Testament die Propheten, verleitet er jeden Einzelnen dazu, zu fordern, die Strafen für Sexualtäter zu verschärfen, die forensischen Anstalten und die Hochsicherheitstrakte der Strafanstalten zu total durchsichtigen Panzerglasfestungen zu machen, etwas weniger gefährliche Täter zu entmannen oder mit elektronischen Fußfesseln zu versehen. Noch ein Argument wird in diesem Zusammenhang gerne verwendet: Strenge Strafen seien nötig, um den Opfern und ihren Angehörigen die »Verarbeitung« ihrer Traumatisierungen zu erleichtern, d. h. im Klartext, ihre Rache- und Vergeltungsbedürfnisse zu befriedigen. Ja, solche Bedürfnisse werden nicht nur bei allen Opfern als selbstverständlich vorausgesetzt, sondern sie werden ihnen auch abgefordert: Wer sie nicht hat oder unterdrückt, der wird seiner Opferrolle nicht richtig gerecht. Dass Strafbedürfnisse auch kollektiven Verdrängungsprozessen eigener sadistischer Regungen entsprechen können, diese Erkenntnisse Freuds, Abrahams, Reichs und anderer psychoanalytischer Forscher sind inzwischen so vollständig in Vergessenheit geraten, als hätte es sie niemals gegeben, ja es gilt sogar als politisch inkorrekt, sie überhaupt noch zu erwähnen.

So wird auch das Bild der forensischen Psychiatrie, die in den siebziger und achtziger Jahren angefangen hatte, auch einen Befreiungsdiskurs zu führen, in der Öffentlichkeit wieder vom Sicherheitsdiskurs beherrscht. In der Folge kommt es zur Verschärfung von Gesetzen, Vorschriften und Anstaltsordnungen, angestoßen von Bildern vergewaltigter und bestialisch ermordeter kleiner Mädchen (seltener: Jungen), von erstochenen oder erschlagenen Nachtschwestern (seltener: Taxifahrern), kurz von dem, was man in Frankreich »faits divers« nennt: sensationell aufgemachte Darstellungen von einzelnen Untaten an den verletzbarsten Mitgliedern unserer Gesellschaft unter Weglassung der Hintergründe, die zu ihnen geführt haben, und auch von Angaben über die Häufigkeit, in der so etwas vorkommt. Vielmehr wird der Eindruck erweckt, wir alle, wir und besonders unsere

Töchter und Frauen, seien ständig von solchen Tätern bedroht, und es wird unsere Solidarität eingefordert, um überhaupt etwas gegen sie tun zu können. Das Fernsehen ist darin natürlich viel wirksamer, als es die Printmedien sind. Die Täter sind dort diejenigen, die »so etwas« machen. Sie haben, zunächst jedenfalls, in den Spots gar kein eigenes Gesicht, so dass jeder Zuschauer oder Leser sich selbst eines ausmalen kann. Erst später, wenn über den Prozess berichtet wird, bekommt man einen von ihnen manchmal zu sehen, und er wird dann für eine Weile zum Urbild des Bösen, bis der nächste ihn in dieser Funktion ablöst.

Ich mache mit diesen Geschichten den Versuch, dem Täterbild des Sicherheitsdiskurses andere, etwas komplexere Täterbilder entgegenzuhalten: Bilder, die Täter und Tat aus der mythologischen Ebene des Bestialischen und Bösen zurückholen auf die Ebene des gesellschaftlichen Geschehens und des allgemeinmenschlichen Alltags mit seinen Widersprüchen, seinen Konflikten und seinen schuldhaften Verstrickungen, seinen Chancen, aber auch seinen Kurzschlüssen und seinen Ausweglosigkeiten. Es geht mir darin nicht um eine Humanisierung, aber doch um eine Hominisierung des »Verbrechers« und auch des Verbrechens, ein Anspruch, den der französische Philosoph Alain Finkelkraut selbst an die Darstellung der Verbrechen Hitlers gestellt hat.

Entmythologisieren möchte ich aber nicht nur die Täter, sondern auch die Gutachter. Einfälle und Vermutungen, die viel zu unsicher waren, um in den »amtlichen« Text Eingang zu finden, wurden dazu offen gelegt, selbst dort, wo sie einen abstrusen Charakter angenommen hatten, desgleichen meine Gefühle und Empfindungen, von denen im Prozess nicht die Rede sein durfte, wollte ich mich nicht selbst als befangen disqualifizieren. Auch der Gutachter ist ein lebendiger Mensch, der eine ihn prägende Lebensgeschichte hinter sich hat und schon deshalb aus einer immer auch subjektiven Perspektive an seine Aufgabe herangeht: So sehr er sich auch bemühen mag, objektiv und unvoreingenommen zu bleiben, er ist kein neutrales Medium wie ein chemisches Reagenz oder Lackmuspapier. Schließlich sind auch noch die Überlegungen eingeflossen, die heute aus der Rückschau, Jahre nach den Prozessen, erst aufgetaucht sind. Damit wollte ich zeigen, dass auch bei scheinbar noch so klaren Geschichten immer noch Fragen offen bleiben. Gewiss auch für die Leser, die nun aufgefordert sind, eigene Fragen zu stellen und Antworten zu suchen.

Der Autor

Erich Wulff wurde am 6.11.1926 in Tallinn/Estland geboren. Der Vater war Lungenfacharzt und Angehöriger der deutschsprachigen Minderheit, die Mutter Lettin. Er wuchs dreisprachig (Deutsch, Estnisch, Russisch) auf. Nach der Umsiedlung der Familie 1939 im Rahmen des Hitler-Stalin-Paktes nach Poznan ins deutschbesetzte Polen wurde er 1944 von der Wehrmacht einberufen. Nach dem Krieg studierte er 1947–1953 Medizin und Philosophie in Köln, erhielt nach der Approbation zum Arzt 1953 ein einjähriges französisches Staatsstipendium und nahm nach der Pflichtassistenz und psychiatrischen Weiterbildung in Marburg, Bayreuth und Freiburg 1961 einen Lehrauftrag der Universität Hué/Vietnam an. Die dort erfolgte Politisierung führte nach der Rückkehr 1967 zum Engagement in der deutschen Vietnam- und Friedensbewegung. Nunmehr Oberarzt der Psychiatrischen Universitätsklinik Gießen, an der er sich auch habilitierte, stieß er die Psychiatrie-Reformbewegung mit an und arbeitete an den Zeitschriften »Das Argument« und »Sozialpsychiatrische Informationen« mit. Zwischen 1968 und 1974 war er gleichzeitig

Gastprofessor an der Universität Paris VIII (Vincennes). 1972 heiratete er die französische Lektorin Edith Toubiana, mit der er drei Kinder hat. Nach der Berufung 1974 auf den Lehrstuhl für Sozialpsychiatrie der Medizinischen Hochschule Hannover, den Erich Wulff 20 Jahre innehatte, lebte die Familie in Hannover. 2003 zog das Ehepaar Wulff nach Paris.

Geprägt von den eigenen Auslandserfahrungen galt Erich Wulffs besonderes Interesse stets der Ethnopsychiatrie. In den letzten zwanzig Jahren wurde er nicht zuletzt deshalb immer wieder mit forensischen Gutachten für Migranten beauftragt.

Als Autor hat er schon 1968 und 1979 unter dem Psyeudonym G. W. Alsheimer mit den »Vietnamesischen Lehrjahren« und der »Reise nach Vietnam« Aufsehen erregt (beide Suhrkamp Verlag). Neben zahlreichen Zeitschriftenbeiträgen erschienen im Psychiatrie-Verlag die »Wahnsinnslogik« (1995; aktualisiert 2003) und »Irrfahrten. Autobiografie eines Psychiaters« (2001).

Andreas Marneros
Sexualmörder
Sexualtäter
Sexualopfer
Eine erklärende Erzählung

Edition Das Narrenschiff, 3. Aufl. 2007,
ISBN 978-3-88414-423-7, geb.,
400 Seiten, 29.90 Euro/52.20 sFr

Sexualverbrechen erregen Abscheu und manchmal auch heimliche Faszination. Wie kann ein Mensch so etwas tun!? Wie kann die Gesellschaft sich vor solchen Grausamkeiten schützen? Wie soll man mit den Tätern umgehen?
Antworten gibt Andreas Maneros, Direktor der Klinik und Poliklinik für Psychiatrie, Psychotherapie und Psychosomatik der Martin-Luther-Universität Halle-Wittenberg, in der neuen Auflage seines Buches. Nicht mehr nur um Sexualmord geht es jetzt, sondern um das ganze Panorama der Sexualstraftaten, also auch um Kindesmissbrauch und Vergewaltigung. Ebenfalls werden die Opfer von Sexualverbrechen eingehender betrachtet: Unter welchen Folgen leiden sie? Wie ist ihnen angemessen zu begegnen? Neu ist darüber hinaus ein Einblick in die rechtsextremistische Gewaltszene sowie Geschichten über Täter, die nach der Verbüßung ihrer Haftstrafe in Sicherungsverwahrung kommen müssen. Schließlich zieht der Autor Bilanz: Was hat sich in zehn Jahren getan in der deutschen Justiz?

Anhand von Geschichten über Täter und Opfer werden die schwierigen Fragen der forensischen Psychiatrie anschaulich gemacht: Schuldfähigkeit, Therapierbarkeit, Opferschutz. Fachbegriffe werden erläutert. Das macht auch den einzigartigen Stil des Buches aus: eine Mischung aus Erzählung und Information, aus Emotionalität und Sachlichkeit. Prägnant bleibt zudem die Differenziertheit, mit der dem brisanten Thema begegnet wird, denn: *Den* Sexualstraftäter gibt es nicht.

»Die einfache Struktur des Buches, die für medizinische Laien verständliche Erläuterung der Fachbegrifflichkeiten der forensischen Psychiatrie und die direkte Ansprache des Lesers durch den Autor machen das Buch zu einer interessanten Lektüre, auch wenn der nicht so hartgesottene Leser ob mancher Tateinzelheiten Unwohlsein verspüren könnte. Professor Maneros gelingt auf eindrucksvolle Weise eine Gratwanderung zwischen dem Anspruch, dem Leser die Geschichte eines Täters und die daraus resultierende Schwäche näher zu bringen, und dem Anspruch, eine gesunde entemotionalisierte und entsensationalisierte Distanz zu wahren.«
Stefanie Lendorff, Zeitschrift für Strafvollzug und Straffälligenhilfe

Erich Wulff
Irrfahrten.
Autobiografie eines Psychiaters
Edition Das Narrenschiff, 2001,
ISBN 978-3-88414-301-8, geb.,
630 Seiten, 29.90 Euro/52.20 sFr

Der 1926 in Estland geborene Arztsohn Erich Wulff wird als Jugendlicher noch für die letzten Kriegsaufgebote eingezogen, überlebt und gerät während der Nachkriegswirren nach Köln, wo er beginnt, Medizin und Philosophie zu studieren.
Es folgen Lehr- und Wanderjahre, die in Paris einen neuen Lebensmittelpunkt finden. 1961 geht er als Arzt und Hochschullehrer nach Südvietnam, bekommt Kontakt zum Vietcong und anderen oppositionellen Kreisen und beginnt, Informationen über Mord- und Folterpraktiken des damaligen Regimes außer Landes zu schmuggeln. Diese Erfahrungen veröffentlicht Erich Wulff in dem Buch »Vietnamesische Lehrjahre«, das 1968 bei Suhrkamp erschien und ihn zu einem der bekanntesten deutschen Intellektuellen der 70er- und 80er-Jahre machte.
Als Psychiater öffnete Erich Wulff als erster Arzt in leitender Position eine geschlossene psychiatrische Abteilung und betrieb die Aufhebung der Geschlechtertrennung – lange vor der Psychiatriereform. Seine Autobiografie gibt Einblicke in ein bewegtes Leben und lässt gleichzeitig bedeuende politische Ereignisse der letzten 40 Jahre Revue passieren.

»Aufrichtigkeit, Geradlinigkeit und Mut sind die Merkmale dieses engagierten Arztes. Dies und die Tatsache, dass Wulff sich als ein faszinierender, sprachlich gewandter Erzähler erweist, heben das Buch aus der derzeitigen Flut autobiografischer Produktionen heraus und bereiten ein spannendes Lesevergnügen.«
Dietrich Becker, Hessisches Ärzteblatt

Psychiatrie-Verlag · Thomas-Mann-Str. 49 a · 53111 Bonn ·
Tel.: 0228/72534-0 · mail: verlag@psychiatrie.de